技工院校汽车维修专业模块化教材
（中级技能层级）

汽车故障诊断

（第二版）

商玉美◎主编

中国劳动社会保障出版社

简介

本书主要内容包括汽车故障诊断认知、汽车发动机故障诊断、汽车底盘故障诊断和汽车电气设备故障诊断等。学习本书可以帮助学生更加全面地了解汽车故障诊断知识，提高汽车维修专业技能水平。

本书由商玉美任主编，侯冲任副主编，周秋菊、周泽天、韩彬、夏雨参与编写，余成路任主审。

图书在版编目（CIP）数据

汽车故障诊断 / 商玉美主编 . -- 2 版 . -- 北京：中国劳动社会保障出版社，2024. --（技工院校汽车维修专业模块化教材）. -- ISBN 978-7-5167-6801-3

Ⅰ. U472. 42

中国国家版本馆 CIP 数据核字第 2024E72P01 号

中国劳动社会保障出版社出版发行

（北京市惠新东街 1 号　邮政编码：100029）

*

北京市鑫霸印务有限公司印刷装订　新华书店经销

787 毫米 ×1092 毫米　16 开本　8.5 印张　158 千字

2024 年 12 月第 2 版　　2025 年 12 月第 2 次印刷

定价：19.00 元

营销中心电话：400-606-6496

出版社网址：https://www.class.com.cn

https://jg.class.com.cn

前　言

为了适应汽车行业的发展现状，更好地满足全国技工院校汽车维修专业的教学需求，全面提升教学质量，我们组织有关学校的一线教师和行业、企业专家，在充分调研企业用人需求和学校教学情况、吸收借鉴各地技工院校教学改革成功经验的基础上，根据人力资源社会保障部颁布的《全国技工院校专业目录》及相关教学文件，对技工院校汽车维修专业教材进行了修订和新编。

本次修订（新编）工作的重点主要有以下几个方面。

科学规划教学模块

本套教材采用“模块化”体系构建，划分为基础模块、发动机模块、底盘模块、电气模块、维护与诊断模块、选修模块等六大模块，教学操作性好，可满足技工院校汽车维修专业的教学需求。

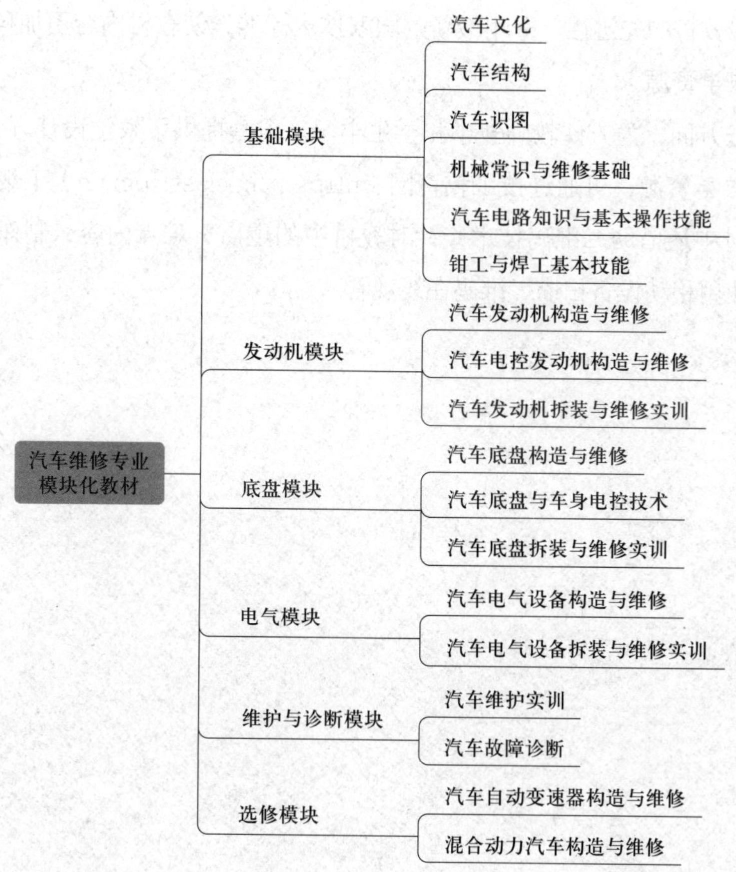

突出职业教育特色

坚持以能力为本位，突出职业教育特色。通过行业、企业调研，掌握企业对汽车维修专业人才的岗位需求和技能要求，确定人才培养目标，构建科学合理的课程体系。根据课程教学目标，合理确定学生应具备的知识与能力结构；充分考虑企业生产实际，选择当前市面上广泛使用的汽车车型进行教学。

根据汽车维修专业毕业生就业岗位的实际需要和行业发展趋势，合理确定学生应具备的能力和知识结构，对教材内容及其深度、广度、难度进行了调整。同时，进一步突出实际应用能力的培养，以满足社会对技能型人才的需求。

创新教材内容形式

在编写模式上，根据技工院校学生认知规律，以完成具体工作任务为主线组织教材内容，将理论知识的讲解与工作任务载体有机结合，激发学生的学习兴趣，提高学生的实践能力。

在教材内容的表现形式上，较多地利用实物照片和表格等形式将知识点生动地展示出来，力求让学生更直观地理解和掌握所学内容。部分教材采用四色印刷，图文并茂，增强了教材内容的表现效果，提高了教材的可读性，更符合学生的阅读习惯。

根据相关专业领域的最新发展，在教材中充实新知识、新技术、新设备、新材料等方面的内容，体现教材的先进性。采用最新的国家技术标准，使教材内容更加科学和规范。

提供丰富教学资源

在教学服务方面，为方便教师教学和学生学习，配套提供了教学设计方案、电子课件、习题册答案等教学资源，可通过技工教育网（https://jg.class.com.cn）下载使用。除此之外，在部分教材中还借助二维码技术，针对教材中的重点、难点内容，制作了微视频等多媒体资源，可使用移动设备扫描二维码在线观看。

编者

2024 年 4 月

目 录

项目一 汽车故障诊断认知

任务❶ 汽车故障诊断概述

学习目标

1. 了解汽车的常见故障现象及其分类。
2. 掌握汽车故障诊断的基本原则、条件和方法。

汽车是一个复杂的机电系统，由许多总成和机构构成。在使用过程中，受部件老化、油品不佳和驾驶习惯不良等多方面因素的影响，汽车的动力性、经济性、安全性和可靠性等会逐渐降低，从而造成汽车故障率上升。这不仅会增加汽车的运行成本、降低运输效率，更直接影响汽车的使用寿命和运行安全。因此，为确保汽车安全可靠运行，对汽车故障变化规律进行研究，及时准确判断汽车故障产生的部位和原因，是汽车维修人员应掌握的基本技能。

一、汽车的常见故障现象

汽车故障是汽车部分或完全丧失工作能力的现象，本质上是汽车零件本身或零件之间的配合状态发生了异常变化。它包括汽车行驶异常、功能和个别性能指标超出规定的技术要求等。要准确判断汽车故障，必须先熟悉其表现出来的症状。汽车的常见故障现象见表 1–1–1。

表 1–1–1 汽车的常见故障现象

现象	概述
异响	异响是指汽车运行期间，其总成或零部件因故障而发出超出正常技术范畴的响声。如果响声沉重并伴有明显振抖现象，多数为严重故障，应立即停车检查
异味	异味是指汽车运行期间，因故障而散发出异常气味的现象。导致汽车散发异味的原因很多，如制动系统拖滞、离合器打滑、发动机温度过高、润滑油（也称机油）或制动液燃烧以及电气系统故障等

续表

现象	概述
泄漏	泄漏是指汽车上具备密封要求的部位发生气体或液体流失，且流失量超出了规定范围的现象。泄漏常见于汽车的燃油供给系统、润滑系统、冷却系统、制动系以及转向系等关键部位
过热	过热是指汽车总成或零部件在工作过程中温度超出技术文件所规定的安全范围的现象
失控	失控是指汽车总成或零部件在工作过程中出现操纵失灵、无法控制的现象
乏力	乏力是指汽车在运行过程中出现动力显著减弱、加速性能明显下降的现象
费油	费油是指汽车在运行过程中燃油及润滑油的消耗量超出了相关技术文件所规定的标准范围的现象
振动	振动是指汽车在运行过程中出现的非正常自身抖动现象
工况突变	工况突变是指汽车在运行过程中工作状况骤然出现不符合常规或预期的非正常现象
外观异常	外观异常是指车辆停放在平坦路面上存在明显横向或纵向歪斜的不正常现象。外观异常通常是由于车辆的车架、车身、悬挂系统或轮胎等关键部件存在故障

二、汽车故障的分类

导致汽车出现故障的原因有很多，通常会根据其性质和特征进行分类，具体的分类方法可见表 1–1–2。一种汽车故障现象可能与多种故障类别相对应，例如，由于制动摩擦片过度磨损所引起的制动性能下降，既可归类为自然故障，也可视为渐进性故障。

表 1–1–2　汽车故障的分类

故障分类		故障描述	示例
按照汽车丧失工作能力的程度	局部故障	汽车部分丧失工作能力，使用性能下降，但不影响正常行驶	如前照灯不亮等
	完全故障	汽车完全丧失工作能力，无法正常行驶	如发动机漏油、起动困难或无法起动等
按照故障的严重程度	一般故障	可及时、方便进行排除，且对行车不构成影响	不会导致主要零部件损坏，可在短时间内用随车工具进行修复
	严重故障	汽车无法起动行驶，甚至出现其他严重后果	汽车整车性能下降，主要零部件损坏，无法使用随车工具在短时间内修复
	致命故障	汽车严重损坏，且难以修复	如主要总成报废等

续表

故障分类		故障描述	示例
按照故障产生的性质	自然故障	汽车在使用过程中，因内外部不可抗自然因素影响，而产生的故障	如零件磨损、器件老化失效等
	人为故障	因操作或使用不当而导致的故障	如使用不合格配件、未按技术规程进行操作、不遵守使用规范等
按照故障发生的速度	突发性故障	故障的发生具有偶然性，之前没有可察觉的征兆	如轮胎被尖锐物刺破
	渐进性故障	故障发生的概率与使用时间的长短有关，在一段时间里故障的存在并不影响车辆正常使用	如火花塞长时间使用，因电蚀而导致间隙逐渐增大

三、汽车故障诊断的基本原则

汽车故障诊断是指在不解体车辆或仅拆卸车辆个别零部件的条件下，通过自诊、人工经验、设备检测等，确定汽车技术状况，查明汽车故障部位及原因的过程，目的是为尽快修复车辆提供可靠依据。其基本原则是：

1. 先思后行

在进行汽车故障诊断时，应秉持先思后行的原则。即首先对故障现象进行全面深入的综合分析，以便在初步掌握故障可能原因的基础上，进行有针对性的检查。此举旨在消除故障诊断过程中的盲目性，确保故障诊断工作的准确和高效。

2. 先外后内

在故障诊断过程中，应遵循先外后内的原则。即首先针对肉眼可见的可疑部位进行详细检查，然后根据初步判断，深入系统内部，对潜在故障部位进行进一步检测与排查。

3. 先简后繁

在故障诊断过程中，还应遵循先简后繁的原则。即首先对那些可能存在问题的简单且明显的区域进行检查，然后再逐步深入，对更复杂、更隐蔽的部位进行详尽检查。这样的诊断顺序有利于快速定位故障，提高诊断效率，同时也有助于避免在诊断过程中对汽车造成不必要的影响或损伤。

4. 先熟后生

在排查汽车故障时，应当首先聚焦于常见的故障部位进行细致检查。鉴于汽车故障现象往往由某一总成或部件的故障所引发，且这种故障模式较为普遍，因此，优先检查那些相对熟悉的部件，通常能够迅速而有效地定位故障源，从而节省时间与精力。

5. 代码优先

针对具备故障自诊断功能的汽车，当故障警告灯点亮时，即标志着故障自诊断系统已成功识别出故障原因，并将故障信息以代码形式存储在电控系统中。此时，只需用汽车故障诊断仪读取故障码，即可进行有针对性的故障诊断和排除工作。

6. 收集资料

在车辆检修作业开始之前，应首先开展资料收集工作，确保拥有与待检修车型相匹配的完整检修数据。待检修作业完成以后，还需详细记载检修过程及成效，以便后续参考与跟踪。

四、汽车故障诊断的基本条件

汽车故障诊断需具备的基本条件包括专业的诊断设备、丰富的专业知识、严谨的诊断流程、丰富的维修经验以及良好的工作态度。这些条件共同构成了汽车故障诊断的坚实基础。

1. 专业的诊断设备

进行汽车故障诊断时，需配备专业的诊断设备，如汽车故障诊断仪、示波器、万用表、气密性检测设备等，这些设备能够精准地检测和诊断汽车各系统的运行状态，为故障排查提供了可靠的依据。

2. 丰富的专业知识

汽车故障诊断人员需具备扎实的汽车构造、汽车工作原理以及汽车维修等方面的专业知识，能够深入理解汽车各系统的工作原理及相互之间的关联，从而准确判断故障发生的原因及部位。

3. 严谨的诊断流程

汽车故障诊断应遵循一定的流程，包括初步检查、故障现象确认、故障码读取与分析、系统检测与测试、故障定位与排除等步骤。每一步都需仔细操作，确保诊断结果的准确性。

4. 丰富的维修经验

维修经验是诊断人员不可或缺的宝贵财富。丰富的维修经验能够帮助诊断人员快速识别常见故障模式，提高诊断效率，并在复杂故障中保持冷静，有序地进行排查，同时还可避免新的故障产生。

5. 良好的工作态度

汽车故障诊断需要耐心、细致和严谨的工作态度。诊断人员需对每一个细节保持高度关注，不放过任何可能导致故障的因素，确保诊断结果的全面性和准确性。

五、汽车故障诊断的基本方法

汽车故障诊断的基本方法可以归纳为六类，即直观诊断法、问诊法、仪器诊断法、试验驱动诊断法、数据分析法和部件交换诊断法。

1. 直观诊断法

直观诊断法是一种基于经验和直觉的诊断方法。故障诊断人员通过视觉观察（看）、触觉感知（摸）以及听觉辨识（听）等手段，迅速定位并识别出部分明显的故障问题。

看：即用眼观察线路是否松脱、断裂，油路是否泄漏，进气管路是否破损、漏气等。

摸：即用手触摸可疑线路或设备，通过检查线路连接情况以及温度高低等，判断可能的故障原因，如查看插接器连接是否松动、火花塞温度是否正常、喷油器是否异常振动等。

听：即直接用耳或借助旋具（螺丝刀）、听诊器等工具，听管路是否有漏气声、发动机是否有异响、喷油器声响是否规律等。

直观诊断法是一种高效且简便的方法，有助于快速缩小故障范围，为后续的详细诊断与修复工作提供有力支持。若直观诊断法未能明确故障所在，需转而借助仪器仪表或特定专业工具进行深入检测。

2. 问诊法

问诊法是指通过与车主的沟通来收集车辆故障信息的诊断方法。在此过程中，故障诊断人员会系统地向车主询问关于车辆故障的具体细节，比如故障发生的具体时间点、故障所呈现的具体表征，以及故障发生之前车辆的运行状况等。通过这种方法，可以更加有效地缩小故障排查的范围，提高诊断的准确性和效率。

3. 仪器诊断法

仪器诊断法主要是通过一系列先进的检测仪器和设备，对车辆的运行状况进行系统、科学评估的诊断方法，以此判断汽车故障的源头。例如，运用示波器对发动机电控单元（简称 ECU，亦称行车电脑）的输出信号波形进行监测与分析，借助汽车故障诊断仪快速读取车辆故障码并对车辆各系统进行全面扫描和分析，确保诊断结果准确、可靠。

4. 试验驱动诊断法

试验驱动诊断法是指在严格控制的封闭或安全环境内，对车辆实施驾驶操作，以全面考察其在特定工况下的反应与表现的诊断方法。此方法旨在有效鉴别故障是否与特定的驾驶条件（高温、高湿等）或操作方式紧密相连，从而帮助故障诊断人员深入剖析故障的本质，为后续的故障排查与修复工作提供科学依据。

5. 数据分析法

数据分析法是一种严谨且科学的故障诊断方法，其主要是通过系统收集和深入分析车辆的运行数据，以实现对车辆故障的精确判断。此方法的核心在于全面审视车辆的行驶记录、维护记录以及所有已知的历史信息，深入了解车辆整体健康状况，为故障诊断人员提供坚实的诊断依据，从而更加准确地判断并定位故障所在。

6. 部件交换诊断法

部件交换诊断法是指当怀疑某个特定部件或系统出现故障时，通过与已知良好的部件进行交换来验证故障是否移除的诊断方法。如果交换后的车辆运行正常，则说明原先的部件存在问题。

任何一种诊断方法都有其优势和局限性，在实际操作过程中，故障诊断人员应根据具体情况灵活运用上述诊断方法，有时还需将几种方法结合使用，以确保故障诊断的准确性和高效性。在进行故障诊断时，安全始终是首要考虑的因素，同时也要确保诊断过程不会对车辆造成进一步损伤。

任务❷ 汽车故障诊断仪的使用

学习目标

1. 了解汽车故障诊断仪的功能和分类。
2. 掌握汽车故障诊断仪的组成和使用方法。

在汽车发展的初期，由于技术条件限制，人们主要依靠丰富的实践经验来识别和诊断汽车故障。在某些情况下，为了找准故障源头，甚至需要拆解汽车进行深入分析。随着科学技术的不断进步，现代汽车故障诊断的方法与手段已经实现了质的飞跃。目前，业界更多是采用各种先进的仪器设备和工具来进行故障诊断，其中，汽车故障诊断仪作为一种普遍且关键的检测设备，是现代汽车维修中不可或缺的重要工具，其强大的功能为维修人员提供了极大的便利和支持。

一、汽车故障诊断仪的功能

汽车故障诊断仪俗称解码器，是专门针对汽车电控单元（ECU）进行故障诊断的智能设备。ECU 作为汽车控制系统的核心，不仅负责执行各项控制功能，还具备自诊断能力，其通过内置的监控程序，对系统中的传感器、执行器、电路以及 ECU 本身的状态进行实时监测。一旦发现监测信号偏离正常范围，ECU 将自动记录异常信息，并启动备用程序确保车辆的基本运行能力不受影响。故障诊断时，汽车故障诊断仪能够高效地接入 ECU，快速读取其中记录的故障码，并通过配备的液晶显示屏清晰地展示出来，为故障诊断人员精确定位故障源提供有力依据。

汽车故障诊断仪的主要功能包括：

1. 故障检测与诊断

汽车故障诊断仪能够迅速、准确地检测并诊断出汽车各系统（如发动机、变速器、制动系统、排放系统等）的故障。通过读取车辆故障码（DTC），能够提供关于故障性质、部位及可能原因的详细信息，为维修人员提供有力的技术支持。

2. 数据流监控与分析

除了故障检测外，汽车故障诊断仪还能够实时读取并显示车辆各系统的数据流信息。这些数据包括发动机转速、车速、冷却液温度、进气压力等，有助于维修人员深入了解车辆运行状态，进一步分析故障原因。

3. 故障码清除

在故障修复后，汽车故障诊断仪能够清除车辆存储的故障码，确保车辆系统恢复正常工作。这一功能对于恢复车辆性能、消除故障指示灯（MIL）的点亮状态具有重要意义。

4. 动作测试功能

这一功能是汽车故障诊断仪中非常重要的部分，通过动作测试，可以检查车辆的执行器、传感器以及其他关键部件是否按照设计规格正常运作。例如，如果需要对车辆的某个部件进行测试，诊断仪可以发出指令，使部件执行特定的动作，然后通过观察或测量部件的响应来判断其是否正常工作。这种测试方法对于诊断和修复汽车故障非常有效，因为它能够直接模拟实际驾驶条件下的部件行为，从而更准确地识别问题所在。

5. 波形显示与比较

部分高级汽车故障诊断仪具备波形显示功能，可直观展示传感器信号或执行器动作的波形图。通过与标准波形进行比较，维修人员能更准确地判断信号是否异常，从而定位故障源。

6. 系统匹配与编程

部分高级汽车故障诊断仪还具备系统匹配与编程功能。在更换关键部件（如发动机控制单元、变速器控制单元等）后，这些功能能够确保新部件与车辆其他系统之间的正确匹配和通信，从而恢复车辆的正常运行。

7. 数据记录与回放

为了更全面地了解车辆故障情况，汽车故障诊断仪通常还具备数据记录与回放功能。这一功能能够记录车辆在特定时间段内的运行状态和故障信息，为后续的故障分析和维修提供重要参考。

利用汽车故障诊断仪对车辆进行故障诊断，虽然方便、快捷、准确、先进，但也存在一定局限性。这是因为汽车故障诊断仪呈现的故障码主要是指示某电路区域存在故障，而不是精确定位到故障的具体位置，所以仍需故障诊断人员作进一步分析和判断。此外，ECU只能检测信号的范围，无法捕捉信号的变化特性。换言之，ECU仅对值域和时域超出预设有效范围的信号设置故障码，而对那些虽未超出有效范围，但同样存在不合理之处的信号数据，则无法进行有效判断。因此，汽车故障诊断仪所展示的故障码应视为故障的参考依据，后续仍需采取更为详尽的检测手段予以确认。

二、汽车故障诊断仪的分类

随着科技的不断进步，汽车故障诊断仪的种类也日益繁多，其功能亦愈发强大。根据其不同的特点，汽车故障诊断仪可划分为多个不同的类别。

1. 按照诊断方式的不同分类

汽车故障诊断仪可分为传统诊断仪和智能诊断仪。传统诊断仪主要通过连接汽车的OBD（车载自动诊断系统）接口，读取汽车的故障码，然后根据故障码来判断故障原因。而智能诊断仪除了具备传统诊断仪的功能外，还具有数据流分析、传感器实时监测、故障预测等功能，能够更加全面地了解汽车的状态。

2. 按照诊断对象的不同分类

汽车故障诊断仪可分为专用诊断仪和通用诊断仪。专用诊断仪是汽车制造商为应对其品牌车型的特定问题所专门研发制造的诊断设备。此类诊断仪与特定品牌或车型高度适配，能够精准提供故障信息，并在此基础上拓展出全面的车辆管理功能。例如大众VAS6150系列汽车故障诊断仪和宝马BMW ICOM汽车故障诊断仪，它们均体现了专用诊断仪的专业性、精准性和多功能性。通用诊断仪则是具备广泛适用性和高度兼容性的诊断设备，它能够服务于多种品牌和型号的汽车。其配备有多样化的检测接头和适配器，能够同时检测数十乃至上百种不同品牌的车型。这种广泛的适用性和强大的兼容性，使得通用诊断仪在综合性汽车维修企业中备受青睐。目前，市场上通用诊断仪的代表品牌有元征、道通等。这些品牌的诊断仪通过提供跨品牌的诊断解决方案，极大提升了汽车维修企业的服务能力和效率。

3. 按照功能特点进行分类

汽车故障诊断仪可分为便携式诊断仪、桌面式诊断仪和车载诊断仪等。便携式诊断仪体积小、质量轻，便于携带和操作，适合现场维修使用。桌面式诊断仪体积较大，功能更为全面，适用于汽车修理店等固定场所。车载诊断仪则直接安装在汽车上，可以实时监测汽车的各项指标，并在出现故障时及时报警。

4. 其他分类

目前，随着物联网技术的发展，汽车故障诊断仪也逐渐向网络化、智能化方向发展。

网络化诊断仪可以通过无线网络将诊断数据传输到云端，实现远程诊断和故障预测。智能化诊断仪则可以利用人工智能技术，对故障数据进行深度学习，从而提高故障诊断的准确性和效率。

总之，汽车故障诊断仪的类型繁多，不同的诊断仪适用于不同的场景和需求。在选择汽车故障诊断仪时，应根据实际需求和预算进行合理选择，以确保汽车维修工作的顺利进行。

三、汽车故障诊断仪的组成和使用方法

道通 MS908S 是一款功能强大的汽车故障诊断仪，其不仅功能全面，而且操作简单，支持多种车型的在线编程，包括奔驰、宝马、大众、奥迪、捷豹、路虎、保时捷、中国通用、斯巴鲁、现代起亚、日产、吉利等，是汽车维修企业实现无忧诊断的理想产品。下面就以道通 MS908S 为例，介绍汽车故障诊断仪的组成及使用方法。

1. 组成

道通 MS908S 主要由两部分组成，一是平板诊断设备，主要作为诊断系统的中央处理器和监控器；二是车辆通信接口（VCI），主要用于访问和获取车辆数据，如图 1-2-1 所示。

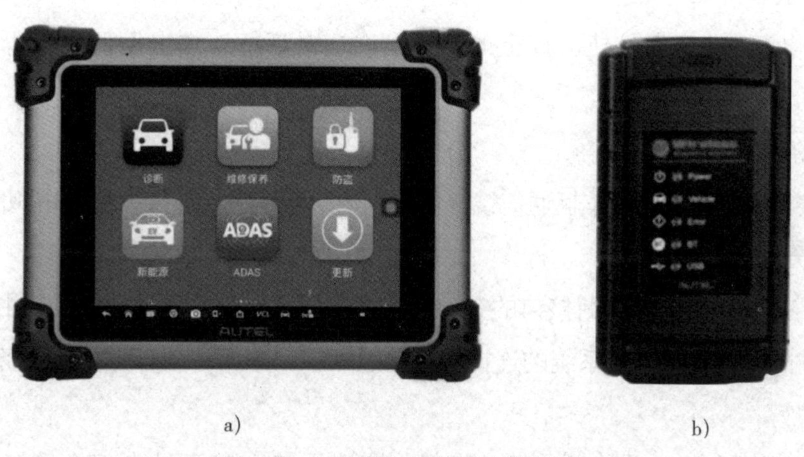

图 1-2-1　道通 MS908S 的组成
a）平板诊断设备　b）车辆通信接口（VCI）

2. 使用方法

（1）开机

长按平板诊断设备顶部右侧的【电源 / 锁屏】按钮，等待系统启动。系统启动完成后显示锁定屏幕，向上滑动屏幕，显示主界面，如图 1-2-2 所示。

（2）关机

长按【电源 / 锁屏】按钮，直至屏幕弹出选项对话框，点击【关机】→【确定】，平板诊断设备将在几秒后关闭。

图 1-2-2　主界面

1—应用程序菜单　2—屏幕定位器和导航按钮　3—系统状态图标

提示

在关闭平板诊断设备之前，务必确保已终止所有与车辆的通信进程。若在未终止通信的情况下或在通信过程中强行关闭设备，可能引发车辆电子控制单元（ECU）故障，设备显示屏也将显示警告信息。

（3）重启

长按【电源 / 锁屏】按钮，直至屏幕弹出选项对话框，点击【重新启动】即可重启系统。

（4）设备联机

1）连接车辆。将 VCI（车辆通信接口）与车辆诊断座进行连接，根据车辆的配置情况，连接方式可分为以下两种：

①针对装配了 OBD Ⅱ诊断接口的车辆，可直接利用专用的测试主线，经由符合标准的 J-1962DL 接口，实现与车辆系统的连接。在此过程中，车辆将同步为检测设备提供稳定的 12 V 电源供应。

②针对未装配 OBD Ⅱ诊断接口的车辆，应选用与之相匹配的 OBD 转接适配器与车辆系统进行通信连接，其 12 V 电源供应可通过连接车辆点烟器插孔或接入车辆电池系统获得。

2）建立通信。VCI 与车辆连接好后，设备上的电源指示灯会持续点亮，表示 VCI 已准备就绪，可与平板诊断设备建立通信。通过蓝牙配对或 USB 连接，可建立 VCI 与平板诊断设备之间的通信连接。

（5）车辆识别

VCI 与车辆连接并与平板诊断设备成功建立通信后，在开始相关操作之前，还要进行车辆识别。系统支持 4 种车辆识别方式，分别是自动扫描 VIN 码识别、手动输入 VIN 码识别、手动选择车型识别以及 OBD 直接访问。

1）自动扫描 VIN 码识别，操作步骤及示意图见表 1–2–1。

表 1–2–1　自动扫描 VIN 码识别

操作步骤	示意图
1. 点击主界面上的【诊断】应用程序按钮，打开“车辆菜单”界面 2. 点击顶部工具栏上的【VID】按钮，选择“自动检测”选项	
3. 诊断平板设备开始在车辆 ECU 上进行 VIN 扫描。成功识别车辆后，系统会引导用户进入车辆“诊断菜单”界面	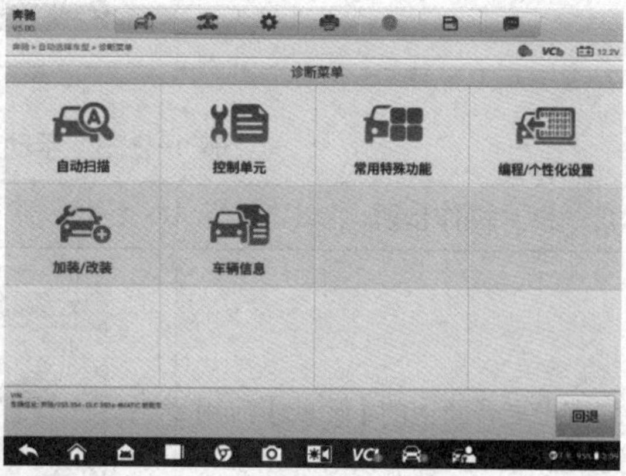

2）手动输入 VIN 码识别，操作步骤及示意图见表 1–2–2。

3）手动选择车型识别，操作步骤及示意图见表 1–2–3。

4）OBD 直接访问，操作步骤及示意图见表 1–2–4。

表 1-2-2　手动输入 VIN 码识别

操作步骤	示意图
1. 点击主界面上的【诊断】应用程序按钮，打开“车辆菜单”界面 2. 点击顶部工具栏上的【VID】按钮，选择“手动输入”选项	
3. 在弹出的对话框中输入正确的 VIN 码，然后点击【确定】 4. 系统根据手动输入的 VIN 码识别车辆。识别成功后，系统会引导用户进入车辆“诊断菜单”界面	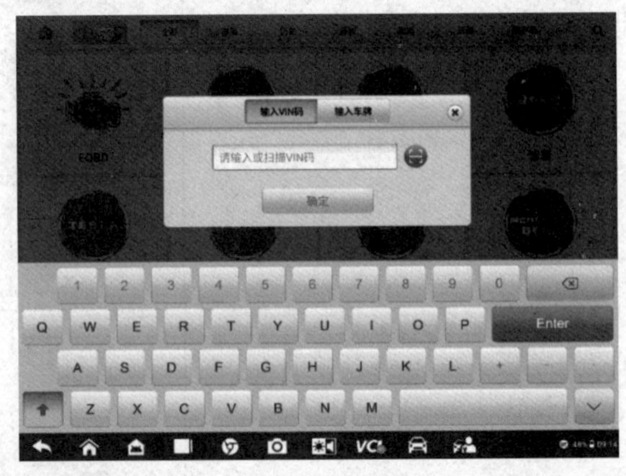

表 1-2-3　手动选择车型识别

操作步骤	示意图
1. 点击主界面上的【诊断】应用程序按钮，打开“车辆菜单”界面 2. 点击顶部工具栏上的【全部】或【常用】【历史】等分类按钮，然后从“车辆菜单”中选择相应车辆品牌，进入“选择诊断类型”界面	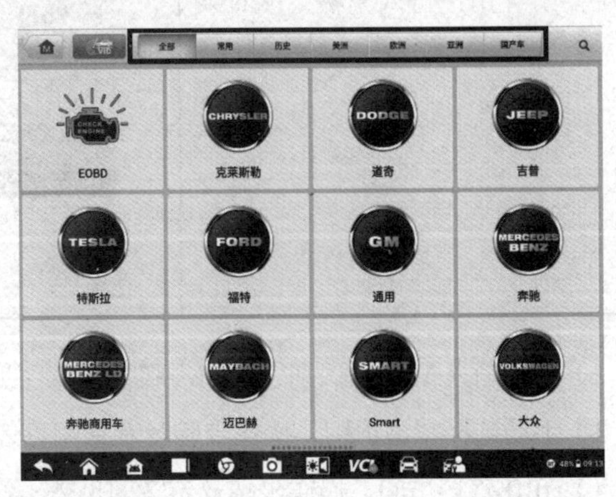

续表

操作步骤	示意图
3. 从“选择诊断类型”界面中选择【手动选择车型】，之后屏幕上会显示可选择的车型信息 4. 选择相应车型信息，系统会引导用户进入车辆“诊断菜单”界面	

表 1-2-4 OBD 直接访问

操作步骤	示意图
1. 点击主界面上的【诊断】应用程序按钮，打开“车辆菜单”界面 2. 点击“车辆菜单”界面中的【EOBD】按钮，平板诊断设备出现 OBD Ⅱ诊断菜单	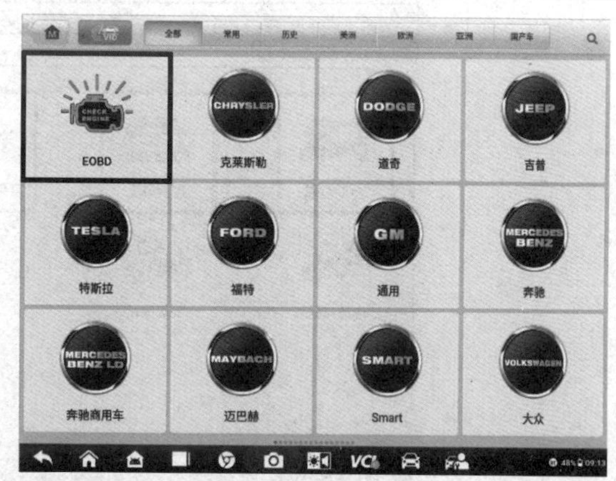
3. 根据需要选择一个功能选项，并继续下一步操作	

提示

汽车故障诊断仪不仅可用于汽车的故障诊断，同时也适用于汽车的保养维护。在进行不同用途的操作时，均需进行车辆识别，两种用途下的识别方法大体一致，不同之处仅在于进入操作界面的入口和引导顺序。当进行故障诊断时，由主界面的“诊断”应用程序进入，随即便可进行车辆识别操作；而当进行保养维护时，则由主界面的“维修保养”应用程序进入，引导顺序是先选择保养维护项目，然后再进行车辆识别操作。

（6）故障诊断

在完成车辆识别并进入到“诊断菜单”界面后，便可开始汽车故障诊断操作。“诊断”应用程序通过访问车辆的各个控制系统（如发动机、变速器、防抱死制动系统等），对系统进行功能测试并读取车辆诊断信息（如故障码、事件代码和数据流等）来识别故障所在。为了对测试系统实施精准定位，“诊断”应用程序提供了“自动扫描”“控制单元”和“常用特殊功能”三个功能选项，可帮助用户高效完成汽车故障诊断工作，如图 1–2–3 所示。

图 1–2–3 “诊断菜单”界面

1—诊断工具栏 2—当前路径 3—状态信息栏 4—主界面 5—功能按钮

1）自动扫描。选择该功能选项，“诊断”应用程序将针对车辆 ECU 控制的所有系统进行全面扫描。在此过程中，菜单界面会以列表形式显示扫描进程，如图 1–2–4 所示；如果在联网情况下，扫描进程还支持以拓扑图形式显示，如图 1–2–5 所示。

2）控制单元。选择该功能选项，“诊断”应用程序将显示车辆的所有控制单元，用户可手动定位需要诊断的控制系统。在此过程中，用户只需按照菜单引导程序，每次做出适当选择，便可进入“主功能菜单”界面，进行相应诊断操作，如图 1–2–6 所示。

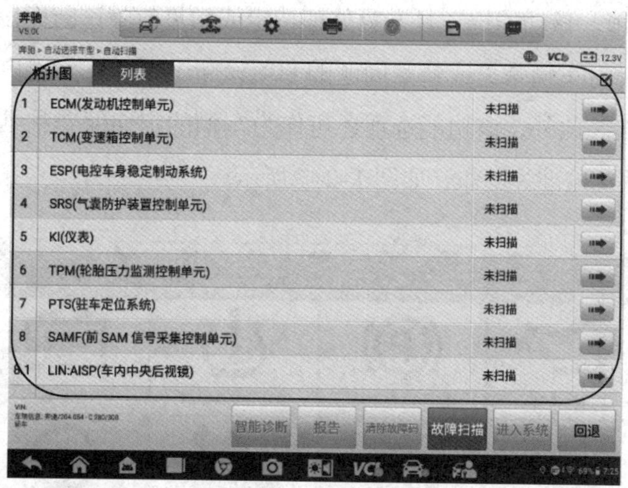

图 1-2-4　列表显示

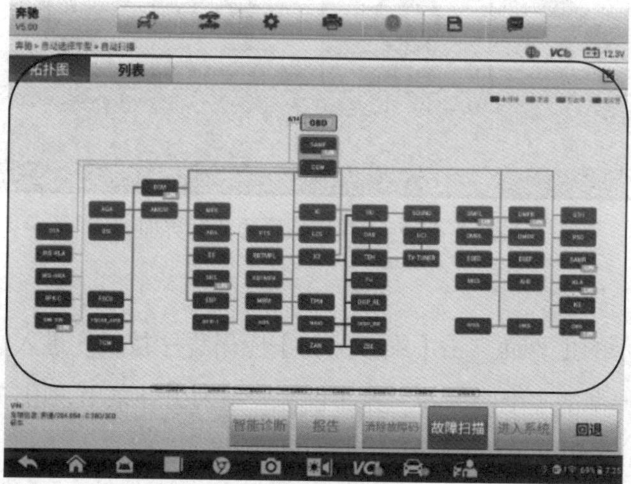

图 1-2-5　拓扑图显示

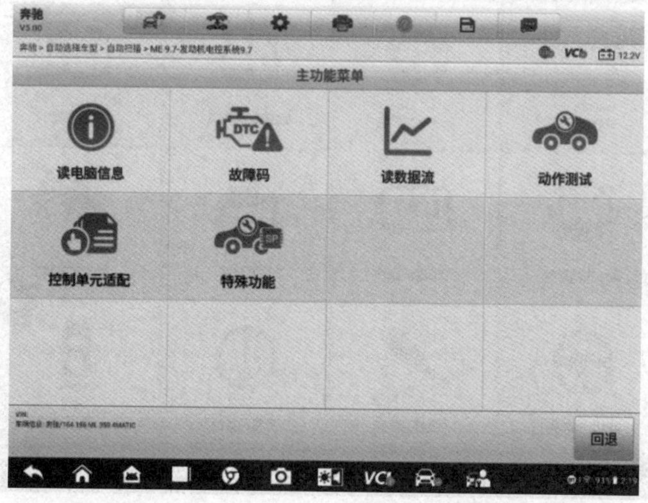

图 1-2-6　“主功能菜单”界面

3）常用特殊功能。该功能选项是专为处理特定或常见故障诊断而设计的独立部分。此模块集合了一系列针对车辆常见或特殊问题的专项诊断工具，可为用户提供高效、精准的故障排查与解决方案。此外，该功能选项还可作为车辆的定期保养和维护工具使用，比如执行保养灯重置、系统校准等操作，如图 1–2–7 所示。

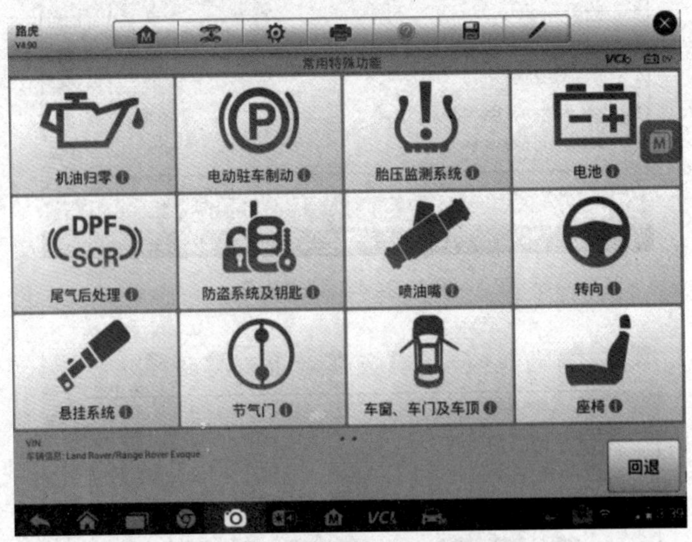

图 1–2–7 “常用特殊功能”界面

（7）维修保养

由图 1–2–2 所示的主界面点击【维修保养】应用程序按钮，进入“维修保养”界面，如图 1–2–8 所示。典型的“维修保养”界面包含一系列引导菜单，用户可根据需要选择相应功能选项，并按照系统引导完成车辆的保养与维护操作。

图 1–2–8 “维修保养”界面

下面以机油归零保养和电子驻车制动系统（EPB）保养为例，介绍道通 MS908S 维修保养功能的具体使用方法。

1）机油归零保养，操作步骤及示意图见表 1-2-5。

表 1-2-5　机油归零保养

操作步骤	示意图
1. 由主界面点击【维修保养】应用程序按钮	诊断　远程专家　维修保养　ADAS　防盗　新能源　电池检测　更新
2. 点击【保养灯归零】按钮，显示“车辆菜单”界面	维修保养　保养灯归零　电子驻车制动　胎压监测系统　电池匹配　ABS制动排气　柴油过滤保养　防盗系统　喷油嘴编程　转向角学习　悬挂系统　节气门匹配　门窗匹配
3. 点击顶部工具栏上的【VID】按钮，选择“自动检测”选项，进行车辆识别	自动检测　手动输入　扫车牌/VIN码　克莱斯勒　道奇　吉普　特斯拉　福特　通用　奔驰　奔驰商用车　迈巴赫　Smart　大众

续表

操作步骤	示意图
4. 诊断平板设备开始在车辆 ECU 上进行 VIN 扫描。成功识别车辆后，系统会引导用户进入车辆“保养和移交检查”界面 5. 根据需要在列表中选择相应功能选项（功能选项会因测试车辆的不同而有所区别） 6. 按照系统引导，完成保养操作	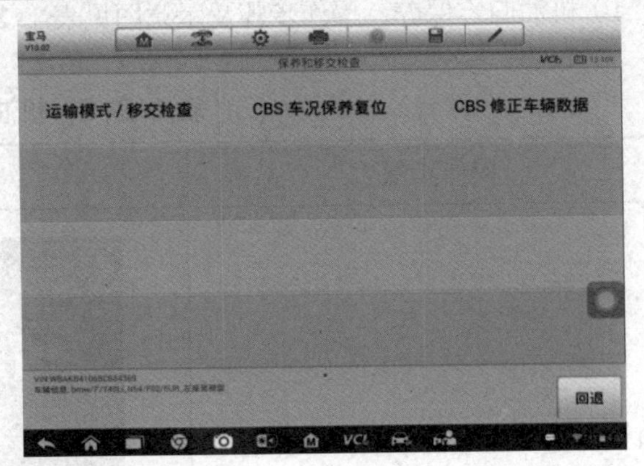

2）电子驻车制动系统（EPB）保养，操作步骤及示意图见表 1-2-6。

表 1-2-6　电子驻车制动系统（EPB）保养

操作步骤	示意图
1. 由主界面点击【维修保养】应用程序按钮	
2. 点击【电子驻车制动】按钮，显示“车辆菜单”界面	

续表

操作步骤	示意图
3. 点击顶部工具栏上的【VID】按钮，选择“自动检测”选项，进行车辆识别	
4. 诊断平板设备开始在车辆 ECU 上进行 VIN 扫描。成功识别车辆后，系统会引导用户进入“电动驻车制动”界面 5. 根据需要在列表中选择相应功能选项（功能选项会因测试车辆的不同而有所区别） 6. 按照系统引导，完成保养操作	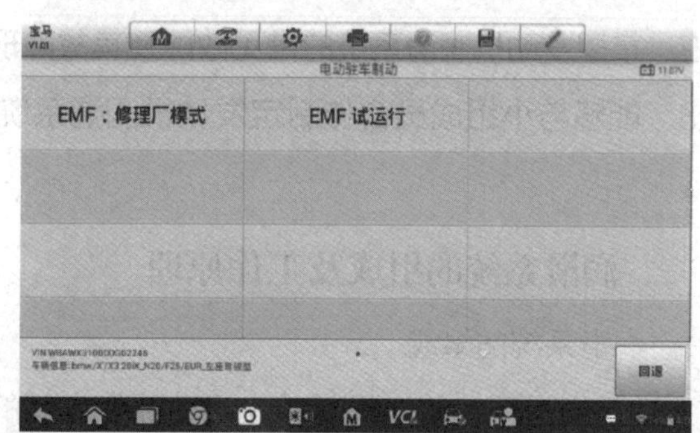

项目二
汽车发动机故障诊断

任务❶ 润滑系统故障诊断

学习目标

1. 掌握发动机润滑系统的组成及工作原理。

2. 掌握发动机润滑系统的常见故障及其故障现象、原因和诊断方法。

3. 能够与小组成员合作制定发动机润滑系统的故障诊断方案，并共同完成故障诊断工作。

一、润滑系统的组成及工作原理

1. 润滑系统的组成

发动机润滑系统的作用是减少运动部件之间的摩擦和磨损，同时兼具清洗、冷却、密封、防锈等多重功能。汽车发动机润滑系统通常采用复合润滑技术，其核心组件包括机油泵、机油集滤器、机油滤清器、机油冷却器、机油压力调节器、机油压力传感器、机油压力表和机油压力指示灯等。

（1）机油泵。机油泵是润滑系统的核心部件，负责将机油从油底壳中抽出，并加压输送到各个需要润滑的部位。

（2）机油集滤器。安装于机油泵进油口，主要用于过滤机油中的较大杂质和颗粒物，以保护机油泵免受损坏。

（3）机油滤清器。安装在机油泵后，主要用于过滤机油中的较小杂质和颗粒物，以保护发动机免受损坏。

（4）机油冷却器。用于将机油冷却，保持机油的正常工作温度。

（5）机油压力调节器。用于调节机油压力，使其保持在合适的范围内。

（6）机油压力传感器。用于监测机油压力，并将信号传递给发动机控制单元（ECU）。

（7）机油压力表。用于指示机油压力。

（8）机油压力指示灯。用于指示机油压力是否正常。

2. 润滑系统的工作原理

发动机润滑系统的工作原理如图 2–1–1 所示，机油通过机油泵从油底壳抽出，加压后输送到各个需要润滑的部位，如气缸壁、活塞、曲轴、连杆等。在润滑过程中，机油会在发动机机件表面形成一层油膜，这层油膜可以减轻发动机各运动部件之间的摩擦，从而起到防止发动机机件磨损的作用。此外，机油在循环流动过程中，不仅能够将发动机件表面的杂质和微小颗粒物清除掉，起到清洁作用；同时，还能够有效传导和分散发动机零部件在运行过程中产生的热量，确保发动机温度维持在稳定适宜的范围内，有效避免过热引起的机械故障。

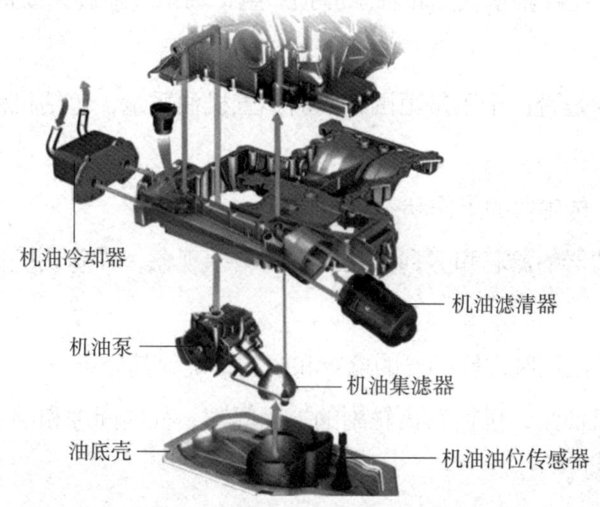

图 2–1–1　发动机润滑系统的工作原理

发动机润滑系统对发动机的性能和寿命有着至关重要的影响。如果润滑系统出现问题，如机油泵故障、机油滤清器堵塞、机油散热器故障、机油变质等，都会导致发动机出现磨损、噪声、功率下降等问题。严重时甚至会导致发动机报废。因此，对于汽车来说，保持发动机润滑系统的正常运转是非常重要的。

二、润滑系统的常见故障

发动机润滑系统的常见故障有机油压力过低、机油压力过高、机油消耗过大和机油变质等。

1. 发动机机油压力过低故障

（1）故障现象

发动机在正常工作温度和转速下，机油压力表的读数显著低于规定标准值，或机油压力指示灯点亮。

（2）故障原因

1）机油压力表或机油压力传感器存在读数误差，传感器线路可能接触不良或存在断路情况。

2）机油可能变质，黏度降低至正常范围以下，或机油中混入了汽油、水、杂质等。

3）机油油面过低，未能达到正常工作液位。

4）机油泵磨损严重，导致供油能力显著下降。

5）机油集滤器、机油滤清器存在堵塞现象，影响机油流通。

6）机油限压阀调整不当、关闭不严或弹簧断裂，导致机油压力异常。

7）机油管路存在泄漏现象，机油未能有效循环。

8）曲轴主轴承、连杆轴承或凸轮轴承磨损严重，轴承间隙过大或轴瓦脱落、烧损。

（3）故障诊断

1）检查机油油面是否低于正常范围，同时检查机油质量，包括机油是否变质、黏度是否低于标准。

2）检查机油压力传感器的工作状态是否良好。

3）检查机油滤清器的滤芯和旁通阀是否存在堵塞现象，并确认机油滤清器是否存在漏油问题。

4）对外置的机油限压阀进行必要的检查和调整，确保其处于正确的工作状态。

5）拆解并检查机油泵，包括其齿轮副的端面间隙、径向间隙和啮合间隙，同时进行油压和泵油量的性能测试。

6）检查曲轴主轴承、连杆轴承和凸轮轴轴承的配合间隙，确认其是否在正常范围内。

2. 发动机机油压力过高故障

（1）故障现象

发动机在正常工作温度和转速下，机油压力表读数显著高于规定标准值，或机油滤清器出现密封垫损坏、机油渗漏等现象。

（2）故障原因

1）机油压力传感器失效，传感器线路有故障。

2）机油限压阀卡滞或调整不当。

3）机油油面过高。

4）机油变稠或新换机油黏度过大。

5）机油道内有堵塞，或发动机主轴承、连杆轴承、凸轮轴承等间隙过小。

（3）故障诊断

1）检查机油油面是否过高，黏度是否过大，以及机油牌号是否符合规定。

2）检查机油压力传感器是否存在故障。

3）拆解机油泵，检查限压阀。

4）拆解并检查发动机，对润滑油道进行彻底检查和清洁，利用压缩空气吹通；同时，检查曲轴主轴承、连杆轴承和凸轮轴轴承等关键部位的配合间隙是否过小。

3. 发动机机油消耗过大故障

（1）故障现象

机油异常消耗，每百公里超过 0.5 L，排气管排放蓝色烟雾，发动机内部积炭明显增多，火花塞出现严重油污。

（2）故障原因

发动机机油储存于发动机油底壳之中，通过机油泵输送至发动机各关键润滑部位，其消耗受多种因素影响。

1）发动机存储、输送及使用机油的相关部件密封性能下降，导致机油渗漏，进而造成机油量减少。

2）部分机油在对活塞及气缸壁进行润滑与密封的过程中，因燃烧而消耗。若气缸、活塞磨损加剧或活塞环损坏、装反，机油消耗将异常增加。

3）可变正时气门（VVT）、涡轮增压器润滑冷却系统、活塞冷却喷嘴以及曲轴箱强制通风（PCV）装置等关键系统的性能下降或故障，也可能导致机油的异常消耗。

4）气门油封老化引起机油渗漏燃烧而消耗。

（3）故障诊断

检查发动机各部件是否存在明显的漏油迹象。若排气管排放出蓝色烟雾，则表明机油可能被吸入燃烧室。

1）检测气缸压力，若缸压低于正常值，且机油加注口出现脉动冒烟现象，则可能是气缸活塞组磨损严重或密封不良导致机油窜入燃烧室。此时，向气缸内注入少量机油，然后再次测量气缸压力，若缸压显著上升，则可确诊为气缸活塞组密封不良。

2）若排气管排放出蓝色烟雾但机油加注口无脉动冒烟现象，故障可能位于气门导管处。此时，应检查气门与气门导管间隙是否过大、气门油封是否失效等。

3）对 PCV 阀的功能进行检查，确认其是否损坏。

4. 发动机机油变质故障

（1）故障现象

1）机油呈深黑或黄褐色，油面异常升高，泡沫明显增多或出现乳化现象。

2）机油失去原有黏稠感，质地发涩或伴有异味。

3）机油滴于检测试纸上呈深褐色，缺少黄色浸润区，且黑色斑点明显增多。

（2）故障原因

发动机长时间运行出现持续过热，气缸窜气严重，气缸套漏水，活塞、活塞环与气缸壁、曲轴与轴承、凸轮轴与轴承、凸轮与挺柱等运动副磨损严重，以及机油品质不良等。

（3）故障诊断

发动机在使用过程中，机油会经历一个逐渐劣化的过程，其明显表征是机油颜色趋于暗沉、黏度降低或增大、杂质含量有所增加等。基于一般的车辆运行条件，汽车每行驶 10 000 km 应对机油进行更换。然而，机油的更换周期并非固定不变，而应根据机油的具体品质进行科学合理的判断。若机油更换周期明显缩短，且排除使用条件恶劣或操作不当等因素的影响，则表明发动机可能存在潜在故障。

1）检查机油是否使用时间过长未定期更换。

2）若机油呈浑浊的乳白色且油面增高，说明气缸内进水。

3）检查机油滤清器的滤清效果是否良好。

4）检查曲轴箱的通风阀是否失效。

5）检测缸压，判断气缸活塞组是否漏气或窜油。

三、润滑系统故障诊断实例

一辆行驶里程 100 000 km 的 2018 款迈腾 B8 汽车，车主反映车辆在热车状态下，机油压力指示灯点亮，需对其进行故障诊断。

1. 故障分析

首先，针对该车故障进行实地验证。在冷起动状态下，机油压力保持正常，然而当车辆预热后，在轻踩加速踏板的情况下，机油压力指示灯即出现闪烁，这一现象说明车辆确实存在故障。

迈腾 B8 汽车发动机润滑系统的结构特点是：机油泵由曲轴正时齿轮通过链条驱动，链条的松紧度则由张紧轮上的弹簧进行调控。机油油路为：油底壳→机油集滤器→机油泵→机油冷却器→机油滤清器，随后机油分流至曲轴轴承、连杆轴承、凸轮轴轴承、增压器浮动轴承以及液力挺柱。

根据故障现象，初步判断为机油压力偏低故障，可能原因有：

（1）机油量未达到规定标准，存在偏少情况。

（2）机油的黏度不符合要求或机油已变质。

（3）机油泵存在磨损现象或机油泵限压阀出现故障。

（4）机油滤清器被堵塞，导致机油流通不畅。

（5）润滑油道中存在堵塞现象，影响机油的正常循环。

（6）机油散热器堵塞，影响机油的散热效果。

（7）曲轴轴承、连杆轴承、凸轮轴轴承等处的配合间隙过大，导致机油泄漏或压力下降。

根据初步判断，绘制发动机机油压力偏低故障诊断流程图，如图 2–1–2 所示。

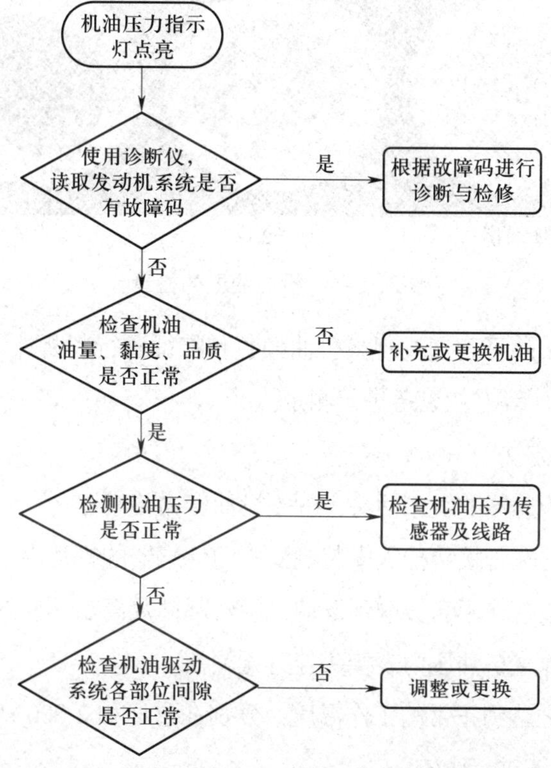

图 2–1–2　发动机机油压力偏低故障诊断流程图

2. 诊断提示

（1）机油油量检查方法

1）检查机油油量时，应将车辆停放在水平地面，在发动机运行至正常温度且熄火等待 5 ~ 10 min 后进行，这样可保证机油充分回流至油底壳，确保测量的准确性。

2）检查机油油量时，首先抽出机油尺并用抹布擦拭干净，然后将机油尺缓慢插回至底部。稍等片刻后，再次抽出机油尺，观察机油在机油尺上留下的痕迹位置。正常情况下，机油位置应处于机油尺最大刻度和最小刻度之间，如图 2–1–3 所示。

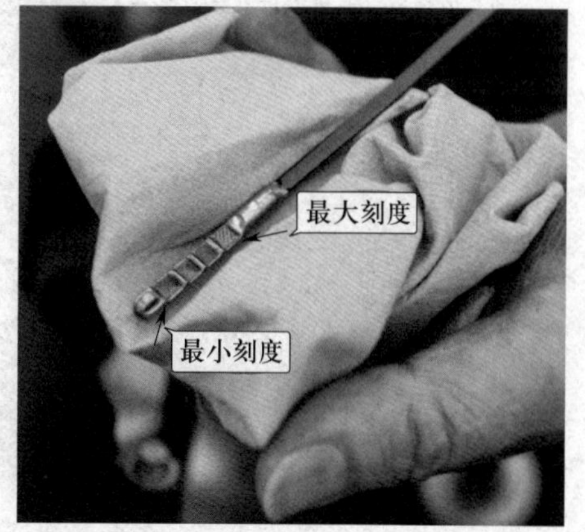

图 2–1–3　机油尺的最大刻度和最小刻度

（2）机油油质检查方法

1）用机油尺取少量机油滴于检测试纸上，观察其扩散的油迹，如图 2–1–4 所示。若机油颜色呈金黄色为正常（刚更换的机油，颜色略带黑色也属正常），若机油颜色发黑且几乎无黄色，应立即更换机油并检查发动机的工作状态。

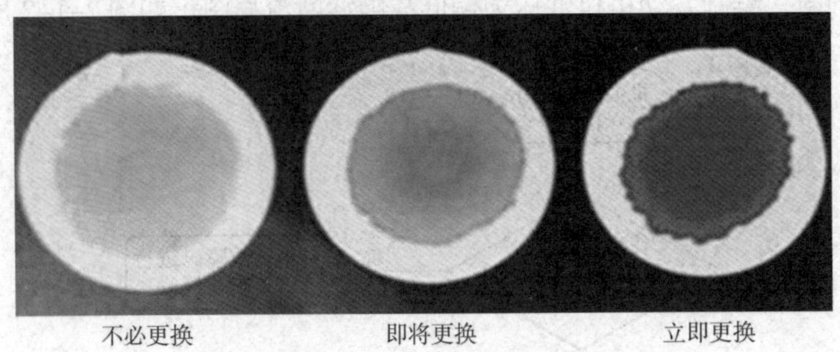

图 2-1-4　机油油质的检查

2）机油是否变质，除了可通过观察机油颜色和特征进行判断外，还可利用机油污染快速分析仪、机油度检测仪等专业设备进行测定。

（3）机油压力检查方法

1）拔下机油压力传感器的线束插头，拆下机油压力传感器。

2）将机油压力表的软管接头拧入安装机油压力传感器的螺孔内，并拧紧接头。

3）将机油压力表放置在不会接触到发动机旋转部件及高温部件的地方。

4）启动发动机，检查机油压力表接头处有无漏油。

5）启动发动机使之达到正常的工作温度，分别在怠速和 2 000 r/min 时检查机油压力表的读数，并与标准压力值进行比较。

（4）曲轴箱通风系统检查重点

曲轴箱通风系统（图 2-1-5）的检查重点是管路和阀门是否运作正常。

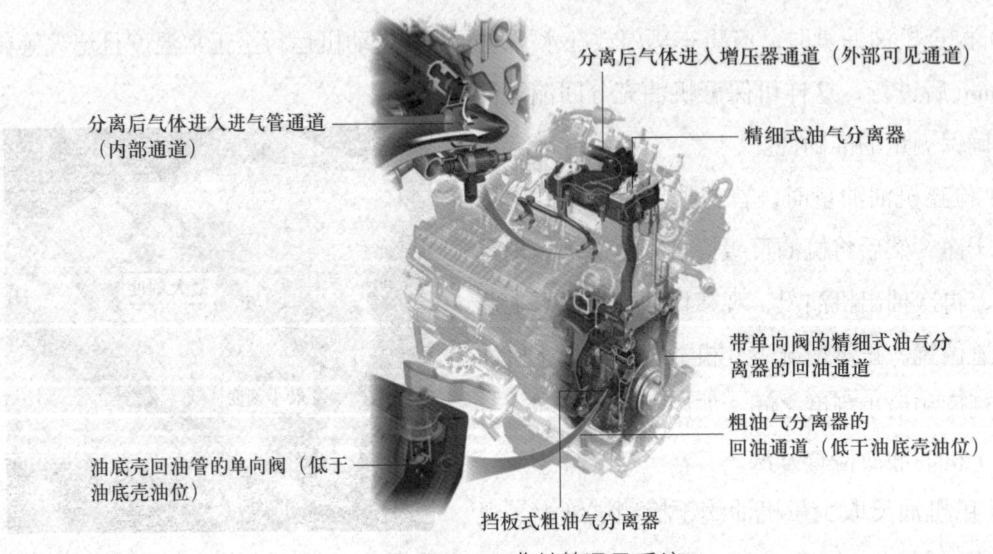

图 2-1-5　曲轴箱通风系统

3. 诊断结果

（1）机油油量和机油品质情况

经检查，机油油量正常，机油黏度未见异常，机油中也未见过多杂质和胶质等。由此可以判定，当前问题并非由机油油量不足或机油品质不达标所导致。

（2）发动机机油压力情况

正常情况下，当发动机转速为 2 000 r/min 时，机油压力应为 350 ~ 450 kPa。实测情况是：冷车怠速时，机油压力显示为 200 kPa，当发动机转速达到 2 000 r/min 时，机油压力显示为 220 kPa，当发动机转速达到 4 000 r/min 时，机油压力指示灯点亮；热车怠速时，机油压力显示为 160 kPa，当发动机转速达到 2 000 r/min 时，机油压力指示灯点亮。由此可以判定，机油压力偏低问题也并非由电气系统故障所引起，说明机油压力问题应该是出在建立压力的机油泵，以及维持压力的各部件间隙方面。

（3）机油驱动系统及各部位间隙情况

拆开油底壳，对机油集滤器、机油滤清器及油底壳进行清洗和检查，发现有极少量的金属屑。同时，对曲轴轴承和连杆轴承进行检查，确认曲轴主轴承和连杆轴承均处于正常状态。

拆解机油泵，发现机油泵内部齿轮磨损严重，是导致机油压力偏低的主要原因，更换机油泵后故障排除。

任务❷ 冷却系统故障诊断

学习目标

1. 掌握发动机冷却系统的组成及工作原理。

2. 掌握发动机冷却系统的常见故障及其故障现象、原因和诊断方法。

3. 能够与小组成员合作制定发动机冷却系统的故障诊断方案，并共同完成故障诊断工作。

一、冷却系统的组成及工作原理

发动机冷却系统的主要功能是保障发动机始终处于稳定的理想工作温度区间，避免极端温度条件（过冷或过热）对发动机性能产生负面影响。目前，汽车发动机普遍采用强制循环水冷却系统，其主要由散热器、水泵、节温器、水套、风扇、膨胀水箱以及水温表、水温传感器和水温报警灯等核心部件组成。由于采用封闭式结构设计，当发动机工作时，冷却系统内部压力超过大气压力，因此即使冷却液温度达到 110 ℃以上，冷却液也不会沸腾。

发动机冷却系统的工作原理如图 2–2–1 所示。冷却液由水泵驱动，经分水管进入发动机气缸体水套，冷却液从气缸体水套壁周围流过并吸收热量，然后向上流入气缸盖水套，从气缸盖水套壁吸收热量后经节温器及散热器进水管流入散热器；在散热器中，风扇气流和车辆行驶时的自然气流帮助冷却液释放热量到外界，最后冷却液经散热器出水管返回水泵，如此循环往复。

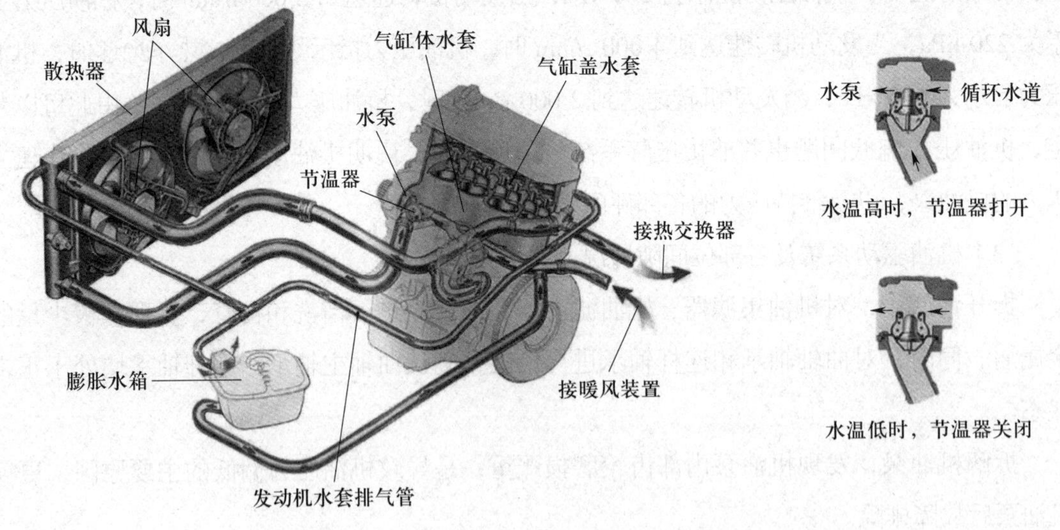

图 2–2–1　发动机冷却系统的工作原理

发动机冷却液的循环路径有小循环和大循环两种模式。当冷却液温度低于规定值时，冷却系统工作在小循环模式下，此时节温器关闭，冷却液不经过散热器，直接在发动机内部循环，以迅速升高发动机温度。而当冷却液温度超过规定值时，冷却系统工作在大循环模式下，此时节温器打开，允许冷却液流经散热器进行散热，以迅速降低发动机温度。这种节温器控制的循环模式切换，使得冷却系统能够根据发动机的工作状态和温度需求进行自动调节，始终保持发动机在最佳工作温度范围内运行。

发动机冷却系统的技术状况，对发动机的动力性、经济性以及可靠性等都有较大影响。通常情况下，只要水温表的读数未超过预设的警示阈值，且水温报警灯未点亮，便可认为冷却系统处于正常工作状态。根据数据显示，当发动机冷却液温度从 90 ℃降低到 40 ℃时，发动机燃油消耗量将增加约 30%、功率将降低约 10%；当冷却液温度从 80 ℃降低到 30 ℃时，发动机磨损将增加 5 倍左右；当冷却液温度从 90 ℃上升到 120 ℃时，发动机燃油消耗量会增加、功率降低约 5%；若发动机长时间工作于 120 ℃及以上温度环境，将极易损坏。因此，发动机冷却系统应保持 80 ~ 100 ℃的最适宜温度。

二、冷却系统的常见故障

发动机冷却系统的常见故障有发动机过热、发动机过冷（或升温缓慢）以及冷却液泄漏等。

1. 发动机过热故障

（1）故障现象

在发动机运行期间，水温表频繁超出设定的最高温度界限，导致水温报警灯点亮。同时，散热器伴随有“开锅”现象，发动机易出现爆燃或早燃现象。

（2）故障原因

1）冷却液不足或不符合要求，冷却系统存在泄漏。

2）水温表或水温传感器故障。

3）风扇运转不良或出现故障。

4）节温器出现故障或散热器下部出水管发生堵塞，导致冷却系统无法执行大循环。

5）散热器和水套内水垢和锈蚀污垢积聚过厚，散热器上部回水管出现凹瘪或堵塞现象，分水管因锈蚀而失去分水能力。

6）水泵效率低下或水泵轴与叶轮脱节。

7）燃烧室内积炭过多，导致发动机发生爆燃或早燃现象。

8）气缸垫损坏或缸体与缸盖出现损坏、变形。

9）机油因量不足、过于黏稠或老化变质，而导致润滑性能和散热性能下降。

（3）故障诊断

1）检查冷却液液面高度，确定其规格、牌号是否符合要求。同时，检查冷却液是否变质或含有铁锈。

2）对水温表和水温传感器进行检查，确认其技术状况是否良好。

3）检查风扇。当发动机达到正常工作温度时，如果风扇不转动，应检查线路、熔断器、继电器以及风扇电动机是否损坏。

4）检查散热器是否有变形或漏水现象，以及水垢是否积累过多。同时，检查散热器各部件的温度分布是否均匀。

5）触摸散热器及其上下水室，如果感觉温度偏低，则表明节温器可能存在故障，此时应拆解节温器进行检查。

6）检查水泵皮带是否过松，水泵轴承是否出现松动，以及水泵是否有漏水现象。此外，通过车辆测试来检测水泵的泵水能力。

7）对发动机的点火系统、燃油供给系统、机械部分、润滑系统以及使用状况等进行检查。

提示

节温器有机械节温器和电子节温器两种。这两种节温器的设计和工作原理虽然不同，但主要功能都是为了调节发动机的冷却液循环，以保持发动机在最佳工作温度范围内运行。

机械节温器主要基于热胀冷缩原理，其内部包含一个蜡缸，蜡缸与发动机冷却液回路保持接触。当发动机温度升高时，蜡缸内的蜡会“融化”使阀门打开，冷却液在大循环中流动。当发动机温度下降时，蜡会变硬使阀门关闭，冷却液在小循环中流动。机械节温器的工作原理简单、成本较低，但容易受环境温度影响，控制不够精准。

电子节温器在机械节温器的基础上融入了电控技术，内部植入了电热丝，发动机ECU根据发动机转速传感器、进气温度传感器和水温传感器等发出的信号进行计算，精确控制电子节温器的阀门开度，从而调节冷却液的循环方式，以适应发动机在不同工作条件下的需求。电子节温器提高了发动机的性能和效率，同时也提供了更高的安全性和可靠性，故障诊断时应结合故障码进行分析。

2. 发动机过冷（或升温缓慢）故障

（1）故障现象

汽车在运行过程中，水温表指针经常指在75 ℃以下（冷却液温度过低）；发动机工作时，水温表指针长时间无法达到90～100 ℃的正常区间（升温缓慢）。

发动机过冷（或升温缓慢）故障常常容易被人忽视，认为发动机温度低不会开锅，是冷却系统效果好的表现。发动机长时间在低温下工作，不仅会使发动机功率下降、加速无力、油耗增加，还会加剧发动机的磨损。

（2）故障原因

导致汽车发动机出现过冷（或升温缓慢）故障现象的主要原因有节温器工作不良（忘装），或冷却液温度指示装置失效。

（3）故障诊断

1）冷车启动发动机，检查风扇是否提前接通，若提前接通，则检查风扇电路和水温传感器是否正常。

2）用温度计测量冷却液温度，若冷却液温度正常但水温表指示温度偏低，说明水温表或水温传感器存在故障。

3）冷车启动发动机后，使发动机加速，观察冷却液流速和流量。若流速很快、流量很大，说明节温器常开或未装节温器，应更换或加装节温器。

3. 冷却液泄漏故障

（1）故障现象

冷却液消耗过快，经常需要添加；发动机有明显漏水现象，停车时可以看到地面有水渍；油底壳内有水或排气管冒白烟。

（2）故障原因

1）气缸盖、气缸体变形或有裂纹。

2）气缸体上的水堵封水不严。

3）气缸盖螺栓松动或未按规定紧固。

4）气缸垫损坏。

5）散热器上 / 下水室、管芯破裂或开焊。

6）橡胶软管破裂或卡箍松动。

7）水泵衬垫损坏、螺钉松动或水封失效。

（3）故障诊断

1）观察泄漏点。冷却液一般都用染料着色，一旦发生外部泄漏会比较容易观察，检查时注意查看节温器、膨胀水箱、散热器以及各管接口和水泵结合处，以免发生遗漏。

2）检查机油品质。拔出机油尺，观察是否有冷却液泄漏到机油中。若有，应对发动机进行检修。

3）检查发动机气缸垫。如果发动机行驶无力，且排气管排放白烟，则检查发动机气缸垫是否已被冲破。若有，应检修发动机。

三、冷却系统故障诊断实例

一辆行驶里程 100 000 km 的 2018 款迈腾 B8 汽车，车主反映在行车过程中水温报警灯点亮。经过试车检查，检修人员确认了故障现象。

1. 故障分析

根据故障现象，初步判断可能的故障原因，主要有以下几方面：

（1）冷却液不足或液位传感器故障

冷却液不足通常是由正常消耗或泄漏所引起。冷却液液位传感器一般是通过检测冷却液的电阻值来监测冷却液液位；若冷却液液量发生变化或变质，其电阻值也将随之改变，进而触发仪表报警。若冷却液液位传感器出现故障，多半是由于传感器本身损坏，或是连接线束和插头有问题。

（2）冷却液温度异常

冷却液温度异常，即发动机过热，其原因有很多，如散热不良、水泵损坏、管路堵塞、循环不畅等，此外也有可能是发动机点火系统、燃油供给系统、机械方面、润滑系统或车辆使用等存在问题，需要进一步分析，逐一排除。

（3）水温传感器信号错误或传感器损坏

水温传感器信号错误或传感器损坏，会导致发动机 ECU 接收冷却液温度信息不准或无法接收到温度信息，进而触发仪表报警。

根据初步判断，绘制发动机水温报警灯亮故障诊断流程图，如图 2–2–2 所示。

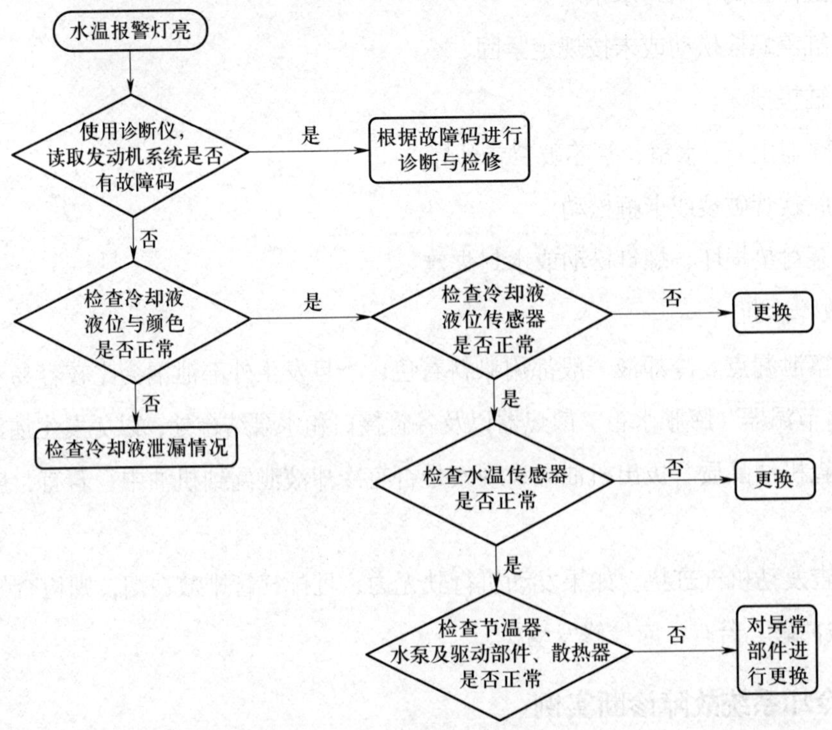

图 2–2–2　发动机水温报警灯亮故障诊断流程图

2. 诊断提示

（1）冷却液液位检查方法

打开发动机舱盖，在发动机膨胀水箱上找到“min”（最低）和“max”（最高）液位线，如图 2–2–3 所示。如果冷却液液位处于两线之间，说明冷却液液量正常。检查时应注意：发动机在刚工作完以后，冷却液液位会有所上升，因此，为确保检查的准确性，应在发动机冷机状态下进行检查。

（2）冷却液泄漏检查方法

1）通过冷却液液位判断。检查冷却液液位时，如果发现冷却液液位低于“min”液位线，说明可能存在泄漏。

2）通过冷却液（或机油）颜色判断。正常的冷却液应该是透明或者略带颜色（绿色、

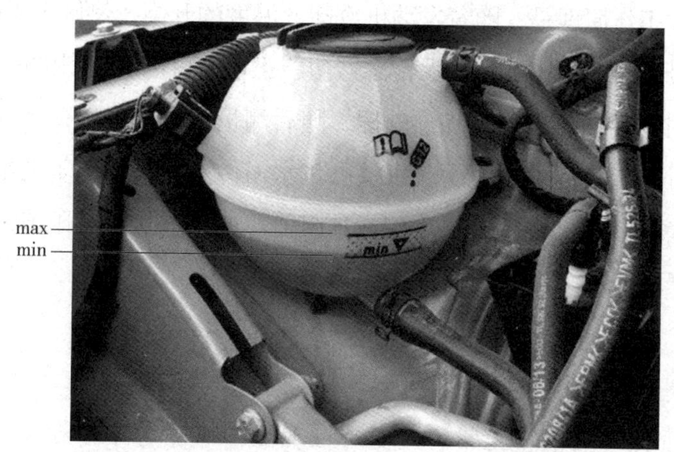

图 2-2-3 膨胀水箱的“min”和“max”液位线

红色或橙色），如果发现冷却液呈现混浊的白色、黄色或棕色，则可能是冷却液与发动机机油混合，说明系统有泄漏。

3）通过发动机工作状态判断。如果冷却系统存在泄漏，发动机可能会过热并出现一些异常症状如水温表突然升高、发动机运行不稳定、冷却风扇持续运转、发动机报警灯亮等，这些都是发动机冷却液可能存在泄漏的迹象。

4）通过加压进行测试。为了确保检查的准确性，避免任何遗漏，可以进一步采用加压法，使潜在的泄漏点更加明显地暴露出来。

5）检查膨胀水箱盖中的安全阀。对膨胀水箱进行加压，当压力达到 140 ~ 160 kPa 时，安全阀必须打开。

（3）电子节温器检查方法

迈腾 B8 汽车搭载的是第三代 EA888 发动机，其使用的电子节温器如图 2-2-4 所示。

1）利用汽车故障诊断仪读取故障码。若存在故障码，则依据故障码对电子节温器作进一步诊断，以确定故障具体原因。

2）EA888 发动机使用的电子节温器有 5 个端子，分别是搭铁端子、反馈信号端子、5 V 参考电压端子和电机正 / 负极供电端子。分别检测电子节温器的供电、搭铁、信号是否正常，如果存在故障，针对相关端子作进一步诊断。

3）如果供电、搭铁、信号都正常，但节温器仍无法正常工作，说明节温器已损坏，应更换节温器。

图 2-2-4 EA888 发动机使用的电子节温器

（4）水温传感器检查

水温传感器的核心敏感元件采用负温度系数的

热敏电阻设计。其工作原理是，随着发动机冷却液温度的升高，热敏电阻的阻值相应减小，从而导致电压信号减小。为了确保水温传感器功能正常，可以通过科学的方法检测其性能。具体步骤包括：对水温传感器进行加热处理，随后测量记录其阻值，并与常温下的阻值进行对比分析；此外，还可以利用万用表直接测量水温传感器在常温下的电阻值，然后使用电吹风对水温传感器进行加热，并再次测量其阻值。如果加热后其阻值未减小，则可以判断水温传感器已损坏。

3. 诊断结果

（1）冷却液情况

经检查，发现冷却液液量正常、无变质且规格、牌号均符合要求；加压测试后，未见冷却液有明显泄漏点，说明汽车水温报警灯点亮并非由冷却液液量不足或泄漏所引起。

（2）冷却系统各部件情况

1）节温器。使用汽车故障诊断仪读取汽车故障码，未见节温器故障码；进一步检测电子节温器的供电、搭铁和信号，发现电子节温器在规定温度下能正常开启和关闭。

2）水泵及其驱动皮带。水泵密封圈及与缸体结合的密封垫均完好；水泵驱动皮带张紧度合适；叶轮与叶片旋转正常，热车情况下无哨声等异响；水泵螺栓紧固力矩均符合要求。

3）散热器。用清洗液清洗散热器内部，并对散热器进行压力测试，未见散热器内部有明显污垢或失压现象。

4）水温传感器。用万用表测量水温传感器常温下的电阻值，然后对水温传感器进行加热，并再次用万用表测量水温传感器的电阻值，发现阻值无变化。说明故障原因是水温传感器损坏，更换水温传感器后故障排除。

任务❸　点火系统故障诊断

学习目标

1. 了解发动机点火系统的组成及特点。

2. 了解发动机对点火系统的要求。

3. 掌握发动机点火系统的常见故障及其故障现象、原因和诊断方法。

4. 能够与小组成员合作制定发动机点火系统的故障诊断方案，并共同完成故障诊断工作。

一、点火系统的组成及特点

汽车发动机点火系统是汽油发动机的重要组成部分，其作用是将电源的低压直流电升压为足够的高压直流电，然后通过各个缸的火花塞跳火，从而点燃被压缩的高温高压可燃混合气，使发动机完成做功过程。

汽车发动机点火系统分为传统点火系统（图 2-3-1）和电子点火系统（图 2-3-2）。

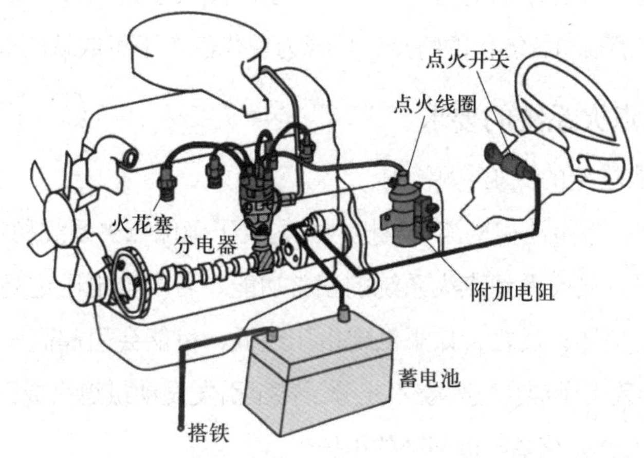

图 2-3-1　传统点火系统

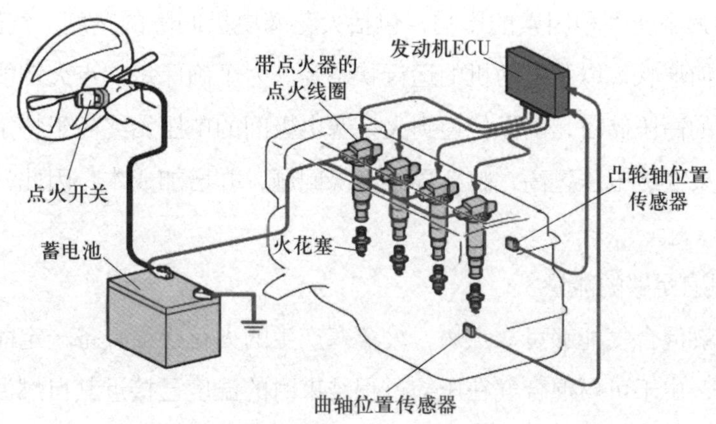

图 2-3-2　电子点火系统

1. 传统点火系统

主要由蓄电池、发电机、分电器、点火线圈和火花塞等组成。传统点火系统主要依赖机械和真空控制来设定点火提前角，其点火信号的触发方式可能因铂触点、霍尔传感器或磁电传感器的不同而有所差异，因此存在点火时间不准确、故障频发和维修成本高等问题，已经难以满足现代汽车对点火系统的需求。

2. 电子电火系统

相比之下，电子点火系统则更加先进，其在传统点火系统的组成部件基础上，增加了点火控制器、点火信号发生器和发动机 ECU 等智能控制设备，使得点火系统能够实时监测和处理来自发动机各个传感器的数据，如曲轴位置、凸轮轴位置、节气门开度、进气温度和压力等。这些数据经过 ECU 的精确计算，能够生成最佳的点火时刻信号，从而确保发动机在各种工况下都能获得最佳的燃烧效率。此外，电子点火系统还具有自我诊断功能，能够及时发现并记录故障码，便于维修人员快速定位问题所在。这种智能化的维护方式不仅降低了维修成本，还提高了车辆的可靠性，减少了因点火系统故障导致的意外停车。电子点火系统因其高效、精确和智能化的特点，已成为现代汽车不可或缺的一部分。

二、发动机对点火系统的要求

1. 供电系统应有稳定的低压电源电压

在汽油发动机中，蓄电池和交流发电机共同构成了确保点火系统稳定运作的供电系统。供电系统的电压水平直接关系到点火系统的正常功能。若供电电压过高，可能会导致点火线圈和点火控制器的损坏；反之，如果供电电压过低，可能会引起高压电的电压不足，从而降低点火能量，导致可燃混合气燃烧不充分，甚至引发发动机熄火或无法启动的问题。

2. 能产生足以击穿火花塞电极间隙的电压

确保点火系统可靠性的关键在于击穿电压，即在火花塞电极之间产生电火花所需的电压。这一电压的大小受多种因素的影响，包括火花塞电极间隙的宽度、气缸压力和温度、火花塞电极的几何形状，以及发动机的运行状态等。为了确保每次点火都能成功，点火系统必须具备足够的高压储备，确保传递到火花塞电极间的电压始终高于特定工况下的击穿电压。然而，如果次级电压过高，将会导致绝缘问题，并增加成本。因此，通常将次级电压限制在 30 kV 以内。

3. 火花应具有足够的能量

为了确保可燃混合气能够可靠点燃，火花塞产生的火花必须具备一定能量。在发动机正常运行状态下，由于可燃混合气在压缩过程结束时的温度已接近其自燃温度，因此所需的火花能量相对较低，为 1 ~ 5 mJ。传统的点火系统能够产生 15 ~ 50 mJ 的火花能量，这足以点燃混合气。然而，在发动机启动、怠速运行或节气门快速开启的情况下，需要更高的火花能量。特别是在启动阶段，由于可燃混合气的雾化效果不佳，废气的稀释作用严重，以及电极温度较低，所需的点火能量达到最高，而较大的启动火花能量也可缩短发动机启动所需的时间。此外，为了增强发动机的燃油效率，可燃混合气通常会被稀释至过量空气系数介于 1.2至1.25 之间，由于被稀释后的混合气较难点燃，同样需要增加火花能量。鉴于上述情况，为了确保可靠点火，通常应保证点火能量为 50 ~ 80 mJ，而在启动时应产生超过 100 mJ 的火花能量。

4. 点火时间应适应发动机的工作情况

首先，点火系统必须依照发动机的工作顺序进行点火。其次，点火应在最适宜的时刻进行，这一时刻通过点火提前角来衡量。通常，把发动机在功率输出最大和燃油消耗最低时的点火提前角定义为最佳点火提前角。为了确保发动机输出最大功率并使燃油消耗最小，可燃混合气应在最佳点火提前角时被点燃。需要注意的是，不同类型的发动机其最佳点火提前角各不相同，即便是同一台发动机，在不同的工作条件和使用环境下，最佳点火提前角也需要随时进行调整。

三、点火系统的常见故障

发动机点火系统的常见故障有火花塞故障、点火线圈故障和电控系统故障等。

1. 火花塞故障

（1）故障现象

1）发动机动力不足。

2）个别气缸无法正常工作。

3）发动机温度异常升高。

4）排气管发出明显的“突突”声。

5）发动机无法成功启动。

（2）故障原因

1）火花塞间隙过大，导致点火不充分。

2）火花塞间隙过小，影响点火效率。

3）火花塞积炭导致短路，影响发动机性能。

4）火花塞油污引起短路，影响发动机性能。

5）外部绝缘体破裂，导致火花塞无法正常工作。

（3）故障诊断

采用断缸法识别未正常工作或工作状态不佳的气缸，然后拆卸该气缸的火花塞进行检查。

1）根据火花塞状况，分析故障原因，对症排除故障后，更换新的火花塞。

2）若火花塞出现油污，在排除发动机其他故障可能后，可将火花塞烘干继续使用。

3）若火花塞电极熔化，应更换为冷型火花塞。

4）若火花塞积聚了过多污垢，应更换为热型火花塞。

2. 点火线圈故障

（1）故障现象

点火线圈如果出现故障会导致次级电压无法产生，或次级电压过低无法实现有效点火；即使能够产生火花，由于次级电压降低，点火能量不足，也会导致高速运转时的断火或缺火现象。这将使发动机难以启动、怠速运行不稳、功率下降、排气污染加剧以及油耗增加，具体可表现为：

1）发动机动力不足。

2）个别气缸无法正常工作。

3）发动机温度异常升高。

4）排气管发出明显的“突突”声。

（2）故障原因

1）初级绕组和次级绕组发生断路，存在匝间短路或绕组搭铁故障。

2）绝缘材料老化导致漏电，以及内部导线连接点接触不良。

（3）故障诊断

1）触摸法。即用手触碰点火线圈外壳，若感觉有一定热度但并不烫手，属于正常现象；若感觉烫手，说明点火线圈存在匝间短路故障。

2）替换法。即更换一个新的点火线圈，通过比较新旧线圈的火花强度来确定线圈是否存在故障。此方法在试验台或车辆上均可进行。

3. 电控系统故障诊断

（1）故障现象

1）个别气缸无法正常工作。

2）排气管发出明显的“突突”声。

3）发动机启动困难，甚至完全无法启动。

（2）故障原因

1）霍尔传感器和发动机转速传感器出现故障。

2）线路存在故障。

3）相关控制单元发生问题。

（3）故障诊断

1）使用汽车故障诊断仪读取故障码，若存在故障码，根据故障码进行诊断。

2）如果汽车故障诊断仪无法与发动机控制单元建立通信连接，则检查发动机控制单元的供电、搭铁、CAN 线束等是否完好，以及发动机控制单元本身是否出现故障。

四、点火系统故障诊断实例

一辆行驶里程 100 000 km 的 2018 款迈腾 B8 汽车，车主反映汽车在运行过程中出现发动机运转不畅和异常抖动现象。经过试车检查，检修人员初步确认是发动机点火系统故障，具体故障原因需做进一步排查。

1. 故障分析

根据发动机点火系统的工作原理，分析可能的故障原因，主要有以下几方面：

（1）火花塞出现故障。

（2）点火线圈存在故障。

（3）凸轮轴位置传感器和曲轴位置传感器发生故障。

（4）发动机控制单元或相关线路出现问题。

根据初步分析，绘制发动机点火系统故障诊断流程图，如图 2-3-3 所示。

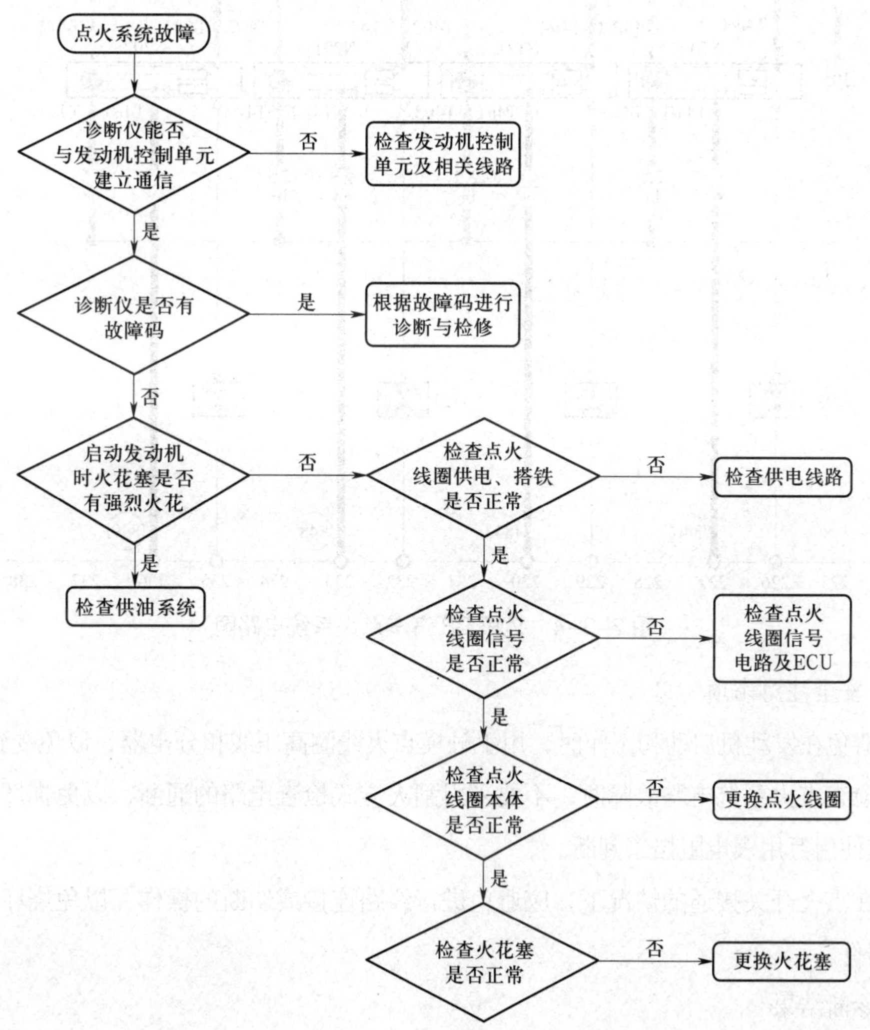

图 2-3-3　发动机点火系统故障诊断流程图

2. 诊断提示

（1）资料准备

在进行点火系统故障诊断之前，应做好相关资料准备，找出迈腾 B8 汽车点火系统电路图，如图 2-3-4 所示。

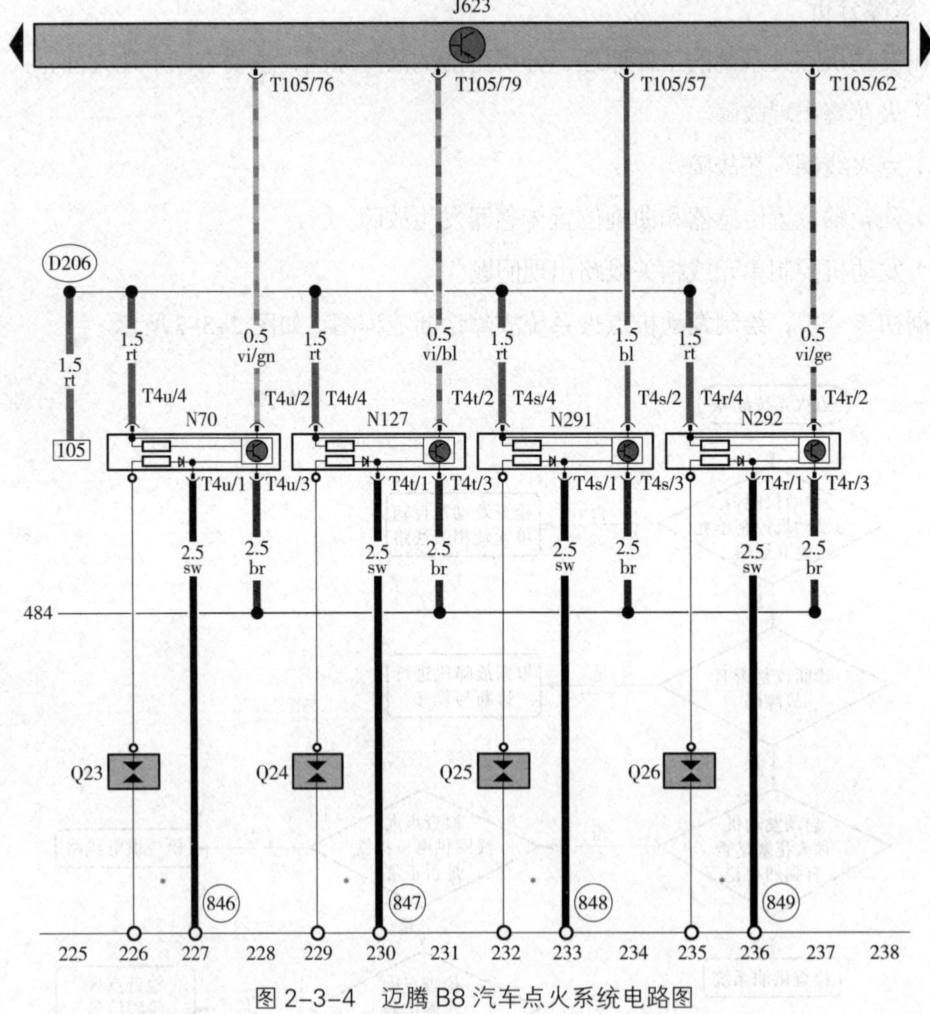

图 2–3–4　迈腾 B8 汽车点火系统电路图

（2）安全注意事项

1）避免在发动机启动和工作时，用手触摸点火线圈高压线和分电器，以免受到电击。

2）检查点火系统电路故障时，不要采用刮火方式检查电路的通断，以免损坏电子元器件，而应使用万用表电阻挡来判断。

3）在点火开关接通的情况下，应避免进行线路连接或切断的操作，以免烧坏控制器中的电子器件。

3. 诊断结果

（1）使用道通 MS908S 汽车故障诊断仪与车辆控制单元建立通信，读取到故障码“P030100”，指示为“气缸 1，检测到失火”，如图 2–3–5 所示。

（2）根据故障码，对 1 号气缸进行跳火测试。发现 1 号气缸的点火线圈与火花塞组合无火；更换新点火线圈和新火花塞重新测试，发现依旧无火。判定是点火线圈的上游线路存在故障。

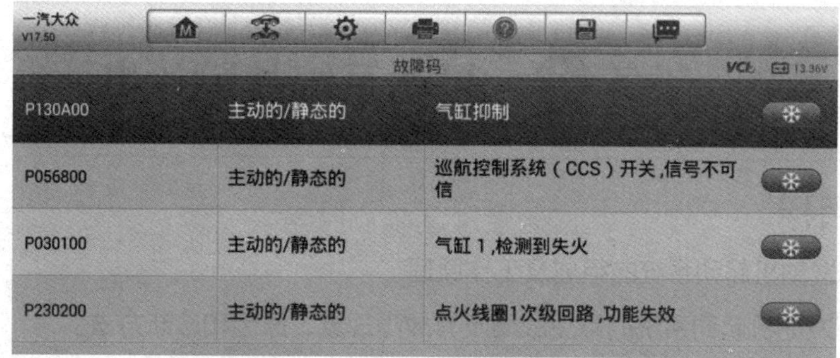

P130A00	主动的/静态的	气缸抑制
P056800	主动的/静态的	巡航控制系统（CCS）开关，信号不可信
P030100	主动的/静态的	气缸 1，检测到失火
P230200	主动的/静态的	点火线圈1次级回路，功能失效

图 2–3–5 汽车故障诊断仪读取到的故障码

（3）打开发动机点火开关，使用万用表测量 1 号气缸点火线圈供电端子 T4u/4 的电压，测得值为 12.27 V，电压正常，如图 2–3–6 所示；使用万用表测量 1 号气缸点火线圈搭铁端子 T4u/1 的对地电阻，测得值为 0.4 Ω，电阻值正常，如图 2–3–7 所示。

图 2–3–6 测量 T4u/4 的电压

图 2–3–7 测量 T4u/1 的对地电阻

（4）启动发动机后，使用试灯测量 1 号气缸点火线圈的信号端子 T4u/2，发现 LED 试灯无闪烁，说明 1 号气缸点火线圈未接收到点火信号。

（5）使用万用表测量发动机控制单元端子 T105/76 与 1 号气缸点火线圈信号端子 T4u/2 间的电阻，测得值为 ∞（无穷大），如图 2–3–8 所示，说明端子 T105/76 与端子 T4u/2 间线路断路，至此诊断出故障原因是 1 号气缸点火信号线断路。

图 2–3–8 测量 T105/76 与 T4u/2 间的电阻

任务4 起动系统故障诊断

学习目标

1. 掌握发动机起动系统的组成及工作原理。

2. 掌握发动机起动系统的常见故障及其故障现象、原因和诊断方法。

3. 能够与小组成员合作制定发动机起动系统的故障诊断方案，并共同完成故障诊断工作。

一、起动系统的组成及工作原理

汽车发动机本身不具备自启动能力，为了使静止的发动机进入工作状态，必须依靠外力驱动发动机曲轴旋转，方可使发动机进入稳定的工作循环。发动机起动系统主要由蓄电池、起动机、点火开关以及相关电缆和起动继电器等组成，如图 2–4–1 所示。

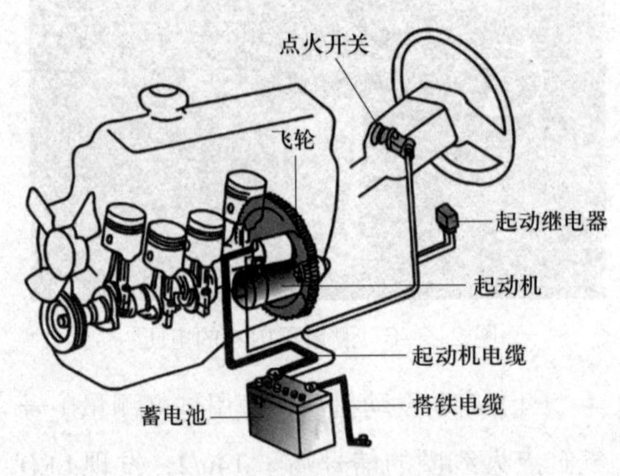

图 2–4–1 发动机起动系统的组成

其工作原理是通过起动机将蓄电池的电能转换为机械能，从而带动发动机以足够高的转速运转，使发动机能够顺利启动。当发动机启动后，动力传递会自动中断，以避免起动机因被发动机带动超速旋转而损坏。起动机的主动齿轮与曲轴飞轮的齿圈之间存在较大的传动比，而传动机构内嵌有单向离合器，其作用是在启动阶段负责传递动力，一旦启动完成则允许发动机驱动起动机的啮合机构迅速打滑，以确保动力的单向传递。起动继电器是一个电磁开关，它在点火开关和起动机之间起到中介作用。当点火开关转到启动位置时，继电器线圈被激活，其触点闭合，允许大电流通过继电器流向起动机。这样可以减少点火开关直接承受大电流的负担，延长其使用寿命。

现代汽车普遍采用无钥匙起动系统。所谓无钥匙起动系统是指利用无线射频识别（RFID）技术，允许驾驶者在不插入钥匙的情况下启动车辆，这一技术不仅增强了车辆的安全性能，也极大地提升了驾驶者的便利性。图 2–4–2 所示为迈腾 B8 汽车无钥匙起动系统的工作原理图。

当驾驶员踩下制动踏板并按下一键启动按键 E378 时，J965（进入及起动许可控制单元）随即开始处理信号。它一方面激活舒适系统 CAN 数据总线；另一方面查询 J519（车载

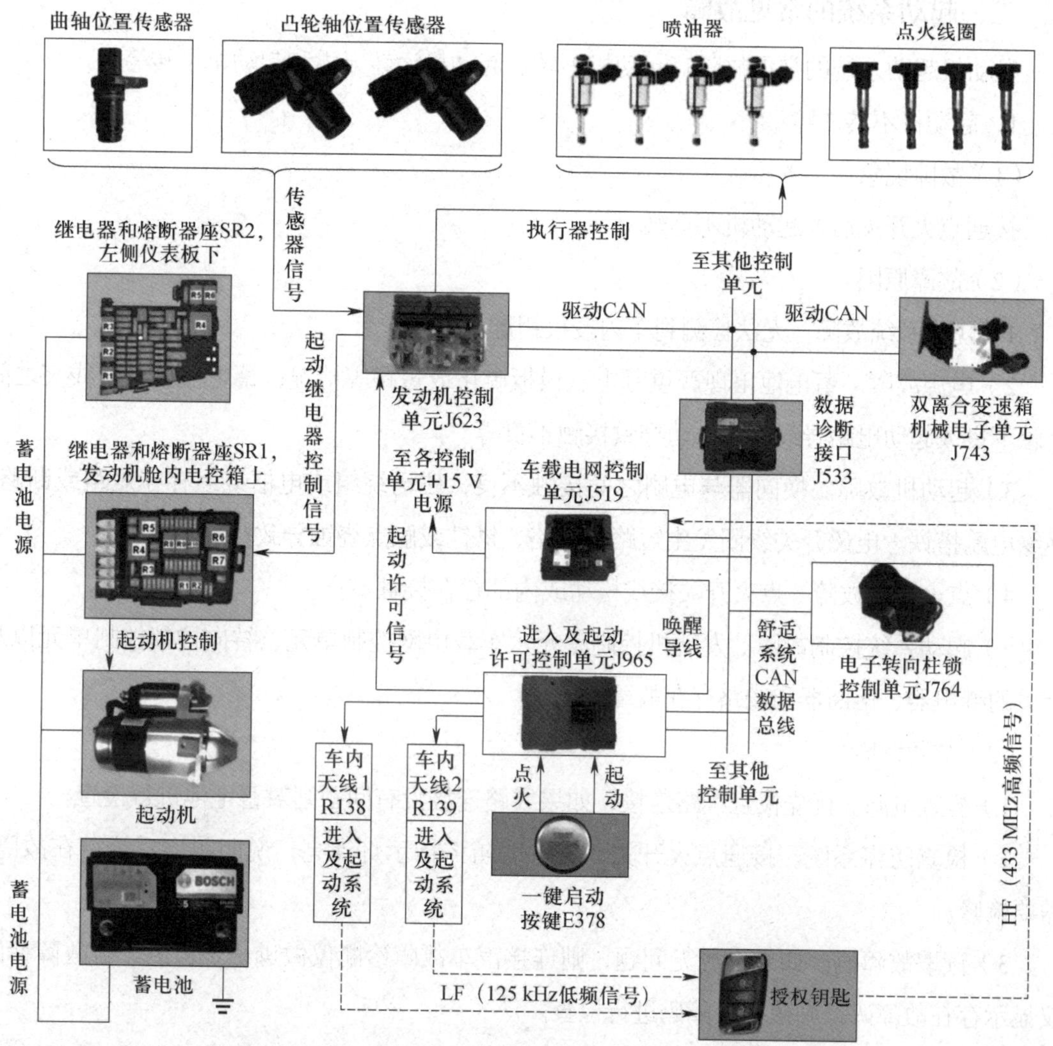

图 2-4-2 迈腾 B8 汽车无钥匙起动系统的工作原理图

电网控制单元）中的防盗锁止系统控制单元是否检测到授权钥匙，并以此确定是否允许各控制单元与 +15 V 电源进行连接。为确认车内授权钥匙，J965 通过车内天线向授权钥匙发送一个查询信号 LF（125 kHz 低频信号）。授权钥匙一旦识别到查询信号，就会进行编码并返回一个应答信号 HF（433 MHz 高频信号）给 J519。J519 随后将该信号转发给其内部的防盗锁止系统控制单元，后者通过比对确认是否为授权钥匙。如果是授权钥匙，防盗锁止系统控制单元将通过舒适系统 CAN 数据总线向 J764（电子转向柱锁控制单元）发送一个解锁命令，从而解锁电子转向柱（允许转向盘转动）。同时，J965 通过 CAN 数据总线向 J519 发送信号，允许各控制单元接通 +15 V 电源。其他控制单元则通过数据诊断接口 J533 被唤醒。发动机控制单元随即进入起动程序，控制起动继电器闭合，起动机通电后带动发动机运转。

二、起动系统的常见故障

发动机起动系统的常见故障有起动机不转、起动机运转无力和起动机空转等。

1. 起动机不转故障

（1）故障现象

接通点火开关后，起动机不运转。

（2）故障原因

1）防盗系统故障。无法检测到车内授权钥匙。

2）电源故障。蓄电池出现严重亏电、极板硫化或短路等情况；蓄电池极桩与线夹之间接触不良或起动电路导线连接松动导致接触不良等。

3）起动机故障。换向器与电刷之间接触不良，磁场绕组或电枢绕组存在短路或断路，绝缘电刷搭铁。电磁开关线圈发生短路、断路、搭铁或触点烧蚀导致接触不良等。

4）点火开关故障。点火开关接线松动或内部存在接触不良。

5）起动系统控制故障。发动机控制单元、车载电网控制单元、转向柱锁控制单元以及相关的继电器、熔断器和线路存在故障。

（3）故障诊断

1）检查电源。优先检查线路连接，如果线路连接没有问题则对蓄电池进行检查。

2）检查防盗系统。接通点火开关，若仪表防盗指示灯点亮，说明防盗系统存在故障，需要检修。

3）读取故障码。如果电源无问题，则连接汽车故障诊断仪做进一步检测。若故障诊断仪显示存在故障码，则依据故障码进行检查。

4）检查起动机。用导线将起动机的电磁开关接线柱和电源接线柱进行短接，如果起动机不运转，说明起动机故障；如果起动机运转正常，则进行下一步检查。

5）检查起动机控制程序。如果发动机无法进入起动程序，说明故障存在于起动机控制系统中。

6）检查起动继电器、熔断器。发动机进入起动程序后，若起动机仍不运转，说明故障存在于起动继电器、熔断器或相关线束中。

2. 起动机运转无力故障

（1）故障现象

1）接通点火开关后，起动机转动缓慢无力，带动发动机运转困难，甚至稍转即停。

2）接通点火开关后，只听见起动机发出“咔嗒”一声响，却不能转动。

（2）故障原因

1）供电不足。蓄电池严重亏电、极板硫化或短路，起动机电源导线连接处存在接触不良。

2）起动机故障。换向器与电刷接触不良，电磁开关接触盘和主触头接触不良，起动机磁场绕组或电枢绕组有局部短路。

（3）故障诊断

通常情况下，对于起动机运转无力故障的诊断，会采取与起动机不转故障相同的诊断方法和步骤。这是因为这两种故障的成因极为相似，区别主要在于故障的严重程度。

提示

1）转动无力故障通常只发生在电磁控制式和电枢移动式起动机上。

2）若采用电磁控制式起动机，当电磁开关接通时，若仅听到“咔嗒”声而起动机本身并未转动，这表明电磁开关线圈可能发生了短路或接触不良。由于产生的磁力不足，无法克服回位弹簧的阻力，导致接触盘无法与主触头正确接触。

3）若电磁开关线圈正常，故障可能是由于起动时起动机小齿轮恰好顶在飞轮端面上，导致无法啮合。这种情况下，将发动机曲轴转动一个角度便能使小齿轮正确啮入飞轮齿间，从而恢复其正常功能。如果转动曲轴后小齿轮仍然无法啮入飞轮齿圈，说明可能是回位弹簧过硬。

4）若采用电枢移动式起动机，当电磁开关接通时，动触点的上触点会首先闭合，同时接通辅助线圈。随后，电枢开始缓慢旋转并移动，圆盘推动扣爪块，使得动触点的下触点也闭合，进而接通主回路。这样，起动机便能有力地转动。然而，如果扣爪圆盘上的凸肩磨损，导致无法推动扣爪块以释放限止板，那么动触点的下触点将无法闭合，主回路因此断开，起动机只能以缓慢且无力的方式转动。此外，若辅助线圈发生断路或短路故障，起动机在起动时将无法缓慢旋转，通常会出现小齿轮顶住发动机飞轮齿端面而难以啮合的情况。

3. 起动机空转故障

（1）故障现象

接通点火开关后，起动机以高速或低速旋转，但发动机曲轴不转。

（2）故障原因

1）若为机械强制式起动机，故障原因可能是拨叉脱槽，导致小齿轮无法有效进入啮合状态，从而影响起动机的正常运作。

2）若为电磁控制式起动机，故障原因可能是电磁开关的铁芯行程过短。

3）若为电枢移动式起动机，故障原因可能是辅助线圈出现短路或断路，导致电枢无法被正确引导至工作位置。

4）起动机的单向离合器出现滑动现象。

5）飞轮齿圈磨损严重或损坏。

（3）故障诊断

1）若起动机高速空转。这种情况通常是由于单向离合器出现了打滑。此时，应检查单向离合器的锁止力矩，并进行必要的修理和调整。

2）若起动机空转并伴有齿轮撞击声，应检查起动机电磁开关的行程是否恰当，以及起动机的固定螺钉是否松动，并根据实际情况进行必要修理。

3）若起动机空转时切断电源，然后摇转曲轴使飞轮齿环转过一个角度，再次起动后，起动机能够正常带动发动机运转，说明飞轮齿环存在连续坏齿。

三、起动系统故障诊断实例

一辆行驶里程 100 000 km 的 2018 款迈腾 B8 汽车，车主反映汽车按下点火开关后，起动机不工作，车辆无法起动。经过试车检查，检修人员初步判断是起动系统故障，具体故障原因需做进一步排查。

1. 故障分析

根据起动系统的结构特点和工作原理，分析可能导致起动机不转的故障原因，主要有以下几方面：

（1）电源故障。

（2）一键启动按键 E378 故障。

（3）防盗系统故障。

（4）起动继电器故障。

（5）起动机故障。

（6）发动机控制单元、车载电网控制单元、转向柱锁控制单元等故障。

（7）线路故障。

根据初步分析，绘制起动机不转故障诊断流程图，如图 2–4–3 所示。

2. 诊断提示

（1）防盗系统优先

在对发动机起动系统进行故障诊断时，应首先检查防盗系统。若发现防盗系统存在问题（防盗指示灯点亮），则应优先处理防盗系统故障，之后再进行下一步检查工作。

（2）电源检查方法

检查时，可按喇叭或开启大灯，如果喇叭声音微弱、嘶哑或无声，大灯光线比平常昏暗，说明电源可能存在问题。应首先检查蓄电池的极桩与线夹以及起动电路的导线接头处是否存在松动。同时，检查导线连接处是否过热，如果过热说明存在接触不良。

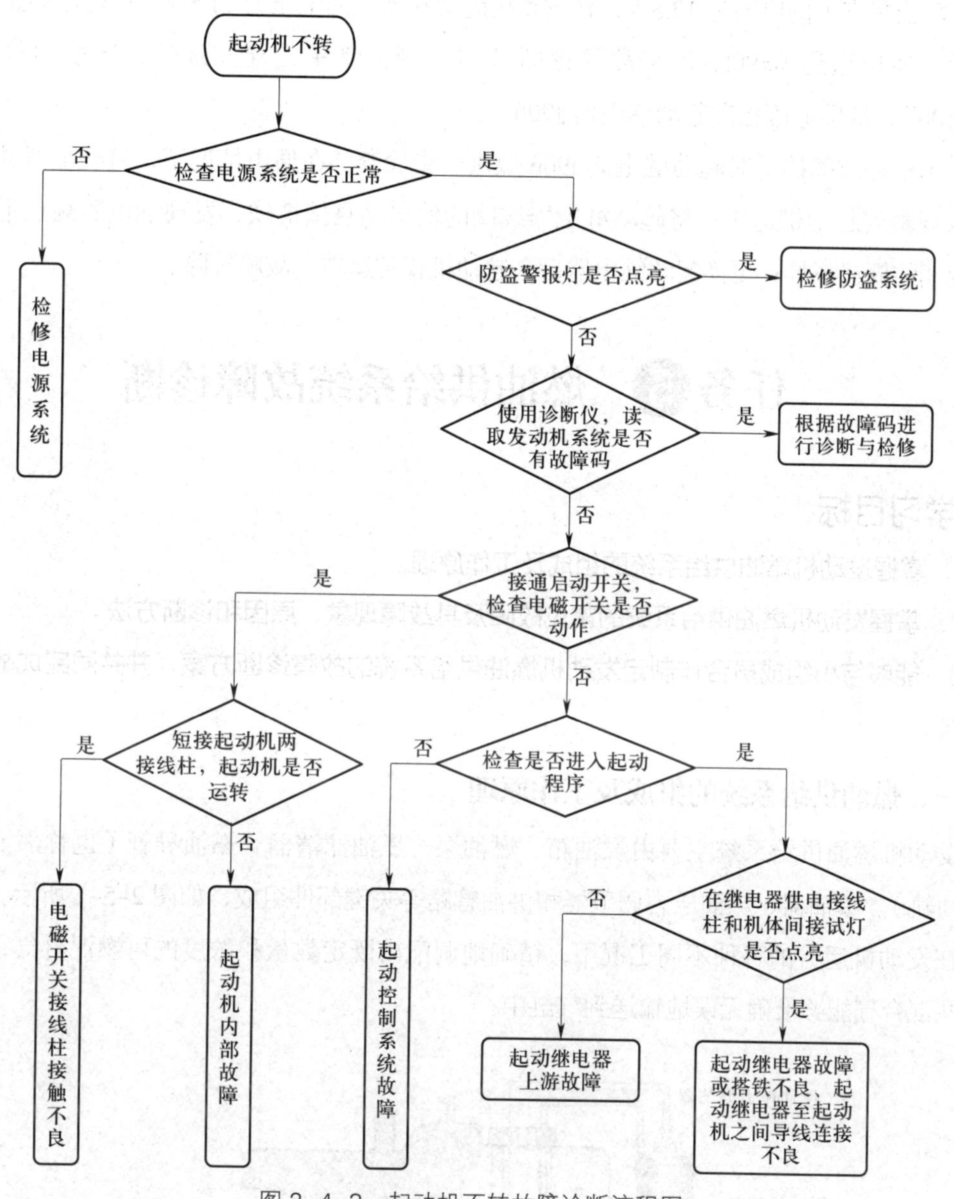

图 2-4-3 起动机不转故障诊断流程图

（3）起动继电器检查方法

在通电情况下，将继电器触点短接，观察起动机是否能够通电转动，若能转动说明触点已损坏造成断路；将继电器线圈的输出端直接搭铁，听（或摸）继电器触点能否闭合。若不能闭合，说明线圈已损坏；若能闭合，应对搭铁线、自动变速器空挡开关或其控制单元等进行检查。

3. 诊断结果

（1）接通点火开关后，仪表防盗指示灯未点亮，说明防盗系统正常。

（2）检查线路连接，未见松动或发热现象；用万用表测量蓄电池电压，测得蓄电池在发动机静止状态下的电压为 12.8 V，在发动机起动状态下的电压为 11.5 V，说明电源正常。

（3）使用道通 MS908S 汽车故障诊断仪与车辆控制单元建立通信，读取到故障码“P061500”，故障原因指向起动继电器 J906。

（4）根据故障码，对起动继电器 J906 做进一步检查。在通电情况下，将继电器触点短接，未观察到起动机运转；将起动继电器线圈的输出端直接搭铁，发现继电器触点不能闭合，说明线圈已损坏；更换起动继电器后，起动机正常运转，故障排除。

任务5 燃油供给系统故障诊断

学习目标

1. 掌握发动机燃油供给系统的组成及工作原理。

2. 掌握发动机燃油供给系统的常见故障及其故障现象、原因和诊断方法。

3. 能够与小组成员合作制定发动机燃油供给系统的故障诊断方案，并共同完成故障诊断工作。

一、燃油供给系统的组成及工作原理

发动机燃油供给系统主要由燃油箱、燃油泵、燃油滤清器、燃油导管（也称燃油分配管或油轨）、喷油器、燃油压力调节器和供油管路等关键部件组成，如图 2-5-1 所示。其作用是在发动机运行的各种不同工况下，精确地调配出既定数量和浓度的可燃混合气，并确保这些混合气能够准确无误地输送到气缸中。

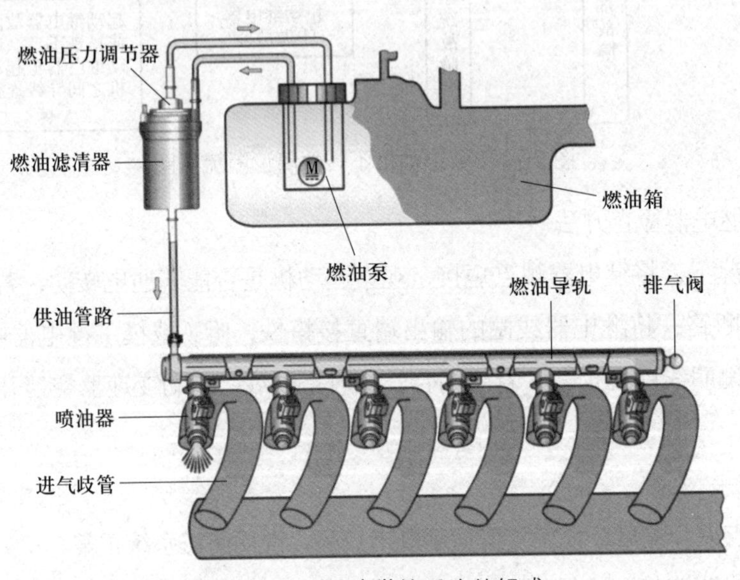

图 2-5-1 燃油供给系统的组成

燃油供给系统的工作原理是燃油泵将燃油从燃油箱中吸出，经燃油滤清器滤除杂质后，输送到燃油导轨。燃油压力调节器根据进气歧管内的压力，调节油压至规定值，然后燃油导轨将燃油分配到各个喷油器。喷油器根据电控单元发出的控制指令，将适量的燃油喷入各个进气歧管，与进气歧管导入的空气混合，形成可燃混合气。当供油管路压力超过规定值时，燃油压力调节器会启动工作，使过量的燃油返回燃油箱，以保持喷油器的喷射油压不变。这一过程要求系统能够对发动机的工作需求做出快速而灵敏的响应，无论是低速、高速、轻载还是重载，系统都必须能够提供满足这些条件的不同燃油 / 空气混合比例。

随着科技的进步，现代汽车的燃油供给系统也经历了新的技术革新。一些高端轿车在传统燃油供给系统基础上，进一步配备了高压燃油泵，形成了高 / 低压系统的协同工作。此设计的优势是燃油泵（低压）与高压燃油泵可以进行精准调控，仅供给发动机即时所需的燃油量。不仅有效降低了燃油泵的电力以及机械驱动功率消耗，同时也显著提升了发动机的燃油经济性。图 2-5-2 所示是配备了高压燃油泵的迈腾 B8 汽车燃油供给系统结构图。

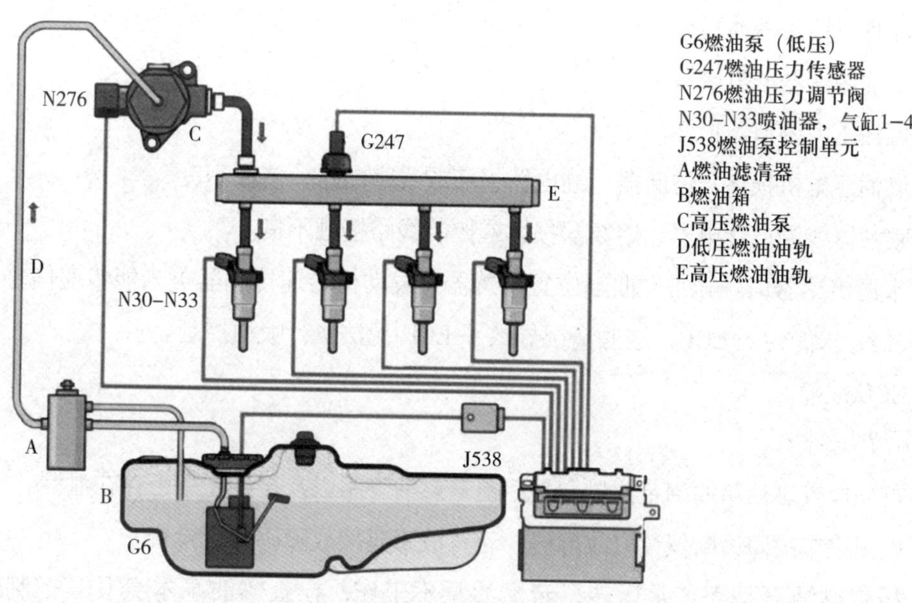

图 2-5-2　迈腾 B8 汽车燃油供给系统结构图

1. 低压系统

主要是燃油箱、燃油泵（低压）和燃油滤清器。在低压系统中，燃油压力根据发动机的具体运行状态进行调整，其维持范围为 200 ~ 600 kPa。当汽车冷起动时，为了迅速建立必要的燃油压力，系统会采用更高的压力值。当汽车热起动时，为了避免在高压燃油泵内形成燃油气泡，系统会使用较低的压力。这一压力调整策略的核心依据，是发动机控制单元对高压燃油泵内部温度所进行的精确计算与评估。

2. 高压系统

在高压燃油系统中，发动机内的压力依据负荷与转速的不同，维持在 14 ~ 20 MPa 范围内。此高压环境显著提升了燃油的气化效能，进而促进了混合气的优化形成，有效减少了废气的排放与煤烟的产生。同时，喷油器的喷射形态经过优化，也进一步确保了燃油在喷射过程中不会与燃烧室内的任何部件发生碰触。

二、燃油供给系统的常见故障

发动机燃油供给系统的常见故障有油路不供油、油路供油不畅、可燃混合气过稀以及可燃混合气过浓等。

1. 油路不供油故障

（1）故障现象

发动机无法起动，或在运转过程中自动熄火且不能再次起动。

（2）故障原因

1）燃油箱燃油不足。

2）油管或接头漏油。

3）燃油滤清器严重堵塞。

4）燃油压力调节器损坏。

5）燃油泵电机损坏，熔断器、继电器损坏或线路断路、接触不良。

6）喷油器线圈、继电器、熔断器损坏或控制线路接触不良。

7）水温传感器信号异常、曲轴位置传感器（发动机转速传感器）未能传递信号，以及启动开关信号未能传入 ECU，这些情况导致了 ECU 无法执行喷油控制。

8）ECU 故障。

（3）故障诊断

1）首先检查燃油箱的剩余油量，然后检查燃油管路以及接头处是否存在泄漏。

2）使用汽车故障诊断仪读取故障码，若有故障码按故障码进行检查。

3）检查燃油泵是否正常运转，若燃油泵不工作，检查燃油泵本身及其控制线路或 ECU。

4）检查燃油泵供油是否正常。

5）测量油压，若油压过低，检查燃油滤清器是否堵塞。

6）检查燃油压力调节器。

2. 油路供油不畅故障

（1）故障现象

1）在电路无故障的情况下，发动机起动困难或无法起动。

2）汽车行驶途中发动机缓慢熄火。

3）进气歧管回火。

（2）故障原因

1）燃油箱无油或少油、燃油箱盖不通气。

2）燃油滤清器、油管堵塞或漏油。

3）供油管断裂、折瘪、堵塞或漏油。

4）燃油泵电机线圈短路、断路、阻间短路，出油阀、卸压阀失效。

5）燃油泵控制电路线路松动或接触不良。

6）燃油压力调节器故障。

7）水温传感器信号异常、曲轴位置传感器（发动机转速传感器）未能传递信号，以及启动开关信号未能传入 ECU，这些情况导致了 ECU 无法执行喷油控制。

（3）故障诊断

1）首先检查燃油箱的剩余油量，然后检查燃油管路以及接头处是否存在泄漏。

2）使用汽车故障诊断仪读取故障码，若有故障码按故障码进行检查。

3）检查燃油泵的熔断器和继电器触点是否正常。

4）检查燃油滤清器是否堵塞。

5）检查油管是否堵塞、断裂、折瘪。

6）在燃油导轨上安装油压表，测量燃油压力。

7）检查燃油压力调节器。

3. 可燃混合气过稀故障

（1）故障现象

1）加速响应迟缓。踩下加速踏板，发动机转速未能立即提升，有迟滞现象。

2）在加速过程中，发动机转速偶尔会出现轻微波动，有时还会出现“回火”或“放炮”现象。

（2）故障原因

1）燃油泵性能不佳。

2）燃油压力调节器性能下降。

3）节气门位置传感器、空气流量传感器、水温传感器、曲轴位置传感器、氧传感器信号不良。

4）废气再循环系统工作不良。

5）进气歧管、真空管泄漏。

6）燃油滤清器堵塞，管路泄漏。

7）喷油器堵塞。

8）ECU 故障。

（3）故障诊断

1）使用汽车故障诊断仪读取故障码，若有故障码则按故障码进行检修。

2）检查进气系统有无漏气，真空管是否脱落、破裂等。

3）检查供油管路及接头，如有泄漏应予以更换。

4）检查燃油滤清器，若堵塞则更换。

5）检查燃油压力调节器。

6）在燃油导轨上安装油压表，测量燃油压力。

7）若燃油压力调节器正常，则燃油泵供油不足可能是导致系统油压偏低的主要原因，此时应针对燃油泵进行检修或更换。

8）若系统油压正常，则拆洗喷油器，并检查喷油器喷油量，如发现异常，则更换喷油器。

提示

不同类型的发动机，其燃油供给系统的压力值各异，因此在检测油压时务必参照相应的维修手册。

4. 可燃混合气过浓故障

（1）故障现象

1）发动机耗油过大，排气管冒黑烟。

2）发动机运转不稳，加速无力。

（2）故障原因

1）水温传感器失真。

2）空气流量传感器或进气歧管压力传感器失效。

3）氧传感器失效。

4）冷起动喷油器漏油或冷起动控制失常。

5）喷油器漏油。

6）燃油压力调节器失效。

7）喷油器喷孔磨损过大，致使喷油量增加。

8）回油管折瘪，导致回油不畅，燃油压力升高。

9）空气滤清器堵塞。

10）ECU 故障。

（3）故障诊断

1）使用汽车故障诊断仪读取故障码，若有故障码则按故障码进行检修。

2）检查空气滤清器，若堵塞则更换。

3）在燃油导轨上安装油压表，测量燃油压力。

4）如果油压过高，则检查燃油压力调节器和燃油泵卸压阀是否完好，同时检查回油管是否折瘪。

5）如果油压正常，则用汽车故障诊断仪分析进气温度传感器和空气流量传感器的数据流。

6）若以上检查均未发现问题，则拆卸喷油器，在试验台上测量喷油器的喷油量。

7）用万用表或示波器检查喷油脉宽，若不正常，则为 ECU 故障导致的喷油控制失常，应更换 ECU。

三、燃油供给系统故障诊断实例

一辆大众迈腾 B8 汽车，按下启动按键后，起动机正常工作，但发动机未能起动。检修人员经过试车检查，发现起动系统和点火系统均正常，但燃油供给系统接通电源后听不到任何工作的声音，初步判断是燃油泵不工作所导致。

1. 故障分析

根据燃油供给系统的结构特点和工作原理，分析可能导致燃油泵不工作的原因，主要有以下几方面：

（1）燃油泵自身故障。

（2）燃油泵控制单元故障。

（3）燃油泵控制单元供电故障。

（4）燃油泵控制单元搭铁故障。

（5）发动机控制单元至燃油泵控制单元占空比控制信号异常。

根据分析，绘制燃油泵不工作故障的诊断流程图，如图 2–5–3 所示。

2. 诊断提示

（1）资料准备

在进行燃油供给故障诊断之前，应做好相关资料准备，找出迈腾 B8 汽车燃油供给系统电路图，如图 2–5–4 所示。

（2）迈腾 B8 燃油泵（低压）控制逻辑

发动机控制单元根据发动机负荷情况将低压油路供油需求提供给燃油泵控制单元 J538，J538 由此控制燃油泵（低压）G6 工作，将燃油提供给高压燃油泵。在故障诊断过程中，要注意区分是燃油泵控制单元 J538 故障还是燃油泵（低压）G6 故障。

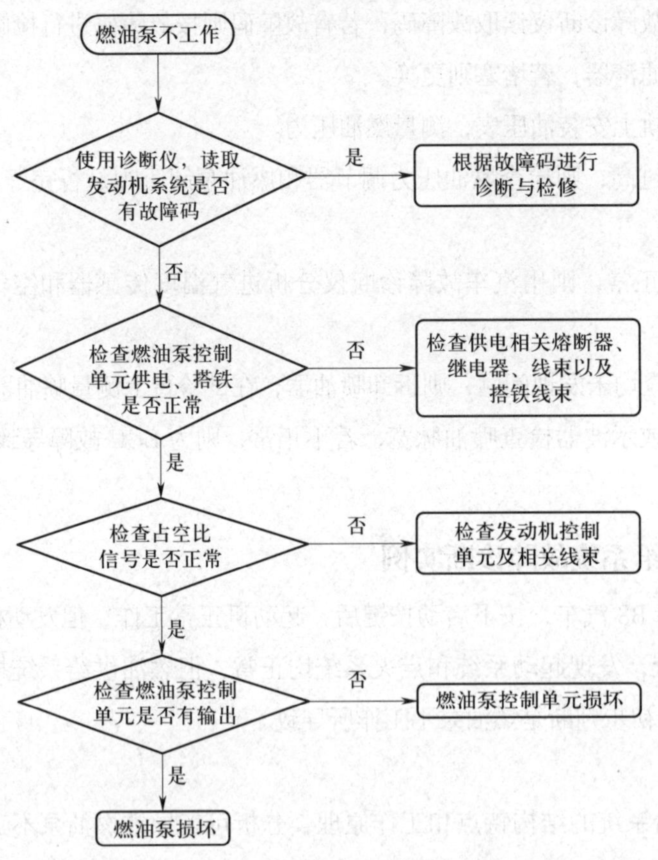

图 2-5-3　燃油泵不工作故障的诊断流程图

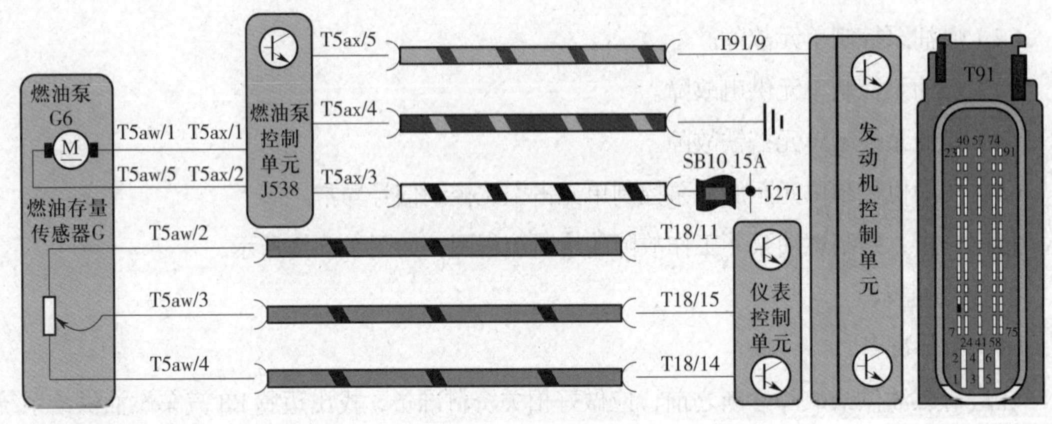

图 2-5-4　迈腾 B8 汽车燃油供给系统电路图

3. 诊断结果

（1）使用道通 MS908S 汽车故障诊断仪与车辆发动机控制单元建立通信，读取到故障码“P304300”（燃油泵机械故障），故障原因指向燃油泵和燃油泵控制单元。

（2）使用万用表测量燃油泵控制单元的电压、搭铁，测量结果均正常。

（3）根据图 2–5–4 所示电路，使用示波器测量发动机控制单元至燃油泵控制单元的信号，即测量端子 T5ax/5（J538）的对地波形，波形显示如图 2–5–5 所示，波形正常。

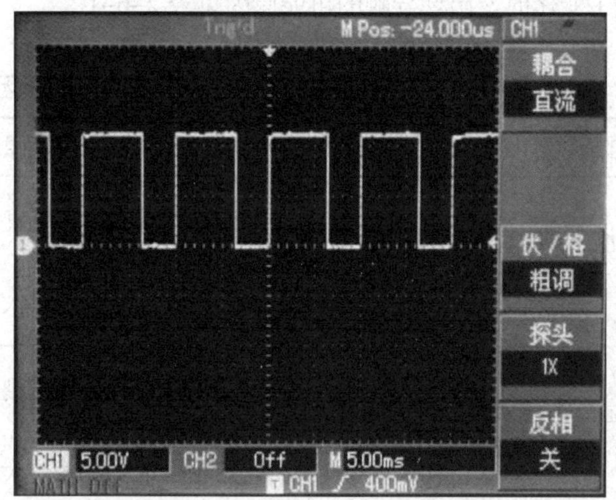

图 2–5–5　端子 T5ax/5（J538）的对地波形

（4）测量燃油泵工作供电电压（燃油泵控制单元输出电压）为 0.1 V，由此判断是燃油泵控制单元损坏。

（5）更换燃油泵控制单元后，发动机正常起动。

任务❻　发动机异响故障诊断

学习目标

1. 了解发动机常见的异响特征。
2. 掌握发动机异响故障的原因和诊断方法。
3. 能够与小组成员合作制定发动机异响故障的诊断方案，并共同完成故障诊断工作。

一、发动机常见异响分析

发动机异响是指发动机在运行过程中产生的非正常响声。其主要可分为两类，一类是气体冲击金属导致的异响，另一类是金属间撞击引发的异响。前者主要源于异常的燃烧过程或进排气状况，如发动机爆燃、排气管“放炮”、活塞环窜气以及气门漏气等；后者则主要源于运动部件的配合间隙过大、轴承损坏或润滑不足，如活塞敲缸、正时齿轮异响、气门异响、连杆轴瓦响、曲轴瓦响等。

技术状况良好的发动机在运转过程中仅能听到均匀的排气声和轻微的噪声，当发动机出现异响时，说明发动机某一机构的技术状态可能发生了改变。发动机异响一般出现在发动机转速、负荷、温度、工作循环等发生变化时。

1. 转速特征

当发动机转速发生变化时，出现异响的可能原因见表 2–6–1。

表 2–6–1　发动机转速变化出现异响的可能原因

故障现象	可能原因
车辆急加速，发动机出现异响；车辆维持高速运行，异响仍然存在	①连杆轴承松旷，轴瓦烧熔 ②曲轴轴承松旷 ③凸轮轴轴向间隙过大或衬套松旷
发动机维持某转速，响声紊乱；车辆急加速，发动机持续发出短暂声响	①凸轮轴正时齿轮破裂，固定螺母松动 ②活塞销衬套松旷 ③凸轮轴轴向间隙过大或衬套松旷
发动机怠速或低速运转，出现异响	①活塞与气缸壁间隙过大 ②活塞销或连杆轴承装配过紧 ③挺柱与导孔间隙过大

2. 负荷特征

当发动机负荷发生变化时，出现异响的可能原因见表 2–6–2。

表 2–6–2　发动机负荷变化出现异响的可能原因

故障现象	可能原因
有“上缸”现象，即当某个气缸断火后，响声会减弱或消失，但当该气缸复火时，异响又会立即出现	①连杆轴承松旷 ②活塞环漏气 ③活塞销折断
某缸断火后，异响加重；或原来无异响，断火后反而出现声响	①活塞销铜套松旷 ②活塞裙部锥度过大 ③活塞销窜出 ④连杆轴承盖固定螺栓松动或减磨合金（轴瓦）烧熔脱净
相邻两缸断火异响减轻或消失	曲轴轴承松旷

3. 温度特征

当发动机温度发生变化时，出现异响的可能原因见表 2–6–3。

表 2-6-3 发动机温度变化出现异响的可能原因

故障现象	可能原因
发动机低温运转时出现异响，温度升高后异响减轻或消失	①活塞与气缸壁间隙过大 ②活塞因主轴承润滑油槽深度、宽度失准或润滑油压力不足而导致润滑效果不良
发动机高温运转时出现异响，温度降低后异响减轻或消失	①过热引起的早燃 ②活塞变形或呈反椭圆形 ③活塞椭圆度过小 ④活塞与气缸壁间隙过小 ⑤活塞环背隙、端隙过小

4. 工作循环特征

当发动机工作循环发生变化时，出现异响的可能原因见表 2-6-4。

表 2-6-4 发动机工作循环变化出现异响的可能原因

故障现象	可能原因
曲轴每旋转一圈发出一次异响（火花塞跳火一次发出两次异响）	①活塞敲击气缸壁 ②活塞销敲击异响 ③活塞顶碰撞气缸凸肩 ④连杆轴承松旷 ⑤活塞环漏气
曲轴每旋转二圈发出一次异响（火花塞跳火一次发出一次异响）	①气门间隙过大 ②排杆与挺柱孔间隙过大 ③凸轮线型磨损 ④气门杆与导管间隙过大 ⑤气门弹簧断裂 ⑥凸轮轴正时齿轮径向破裂 ⑦气门座圈松脱 ⑧气门卡滞无法关闭

二、发动机机体内异响的诊断

发动机机体内异响包括曲轴主轴承异响、连杆轴承异响、活塞敲缸异响和活塞销异响等。

1. 曲轴主轴承异响

（1）故障现象

1）当发动机突然加速时，出现沉重而有力的“铛铛”金属敲击声，严重时还伴有明显振动。

2）响声随发动机转速的提高而增大，随负荷的增加而增强。

3）温度变化响声无变化。

4）异响发出的部位在缸体下部的曲轴箱内。

5）单缸断火响声无明显变化；相邻两缸同时断火，响声明显减弱或消失。

6）响声严重时润滑系统油压明显降低。

（2）故障原因

1）曲轴主轴承盖固定螺栓松动。

2）曲轴主轴承减磨合金（轴瓦）烧毁或脱落。

3）曲轴主轴承和轴颈以及轴向止推装置磨损严重，造成径向和轴向间隙过大。

4）曲轴弯曲。

5）润滑系统油压过低或机油黏度过低。

（3）故障诊断

1）改变发动机转速，转速提升，响声增大，中速向高速过渡时响声明显，急加速时响声明显；低速时，反复轻踩加速踏板，仔细查听异响，如响声随转速提升而增大，在加速瞬间响声明显，一般是主轴承松旷。若在怠速或低速时响声明显，高速时杂乱，可能是曲轴弯曲。若在高速时有较大振动，且油压显著降低，一般是曲轴主轴承松旷严重、轴瓦烧损或脱落。

2）改变发动机负荷（如爬坡或重载），响声会有明显变化，负荷越大，响声越大。

3）改变发动机温度，异响几乎无变化。

4）断火检查。单缸断火时，响声不变化（若头道或末道主轴承响，则响声减弱）；相邻两缸断火时，响声明显减弱。

5）反复踩下加速踏板，由机油加注口（或曲轴箱通风管口）进行听诊，看是否能听到沉重且有力的金属敲击声。将听诊器置于油底壳或与曲轴轴线齐平的曲轴箱位置听诊，响声最大的部位即为主轴承发出异响的位置。

6）伴随现象：曲轴主轴承异响往往会伴随有油压降低现象，严重时发动机振抖，尤其是在高速或大负荷时。

2. 连杆轴承异响

（1）故障现象

1）当发动机突然加速时，有连续明显且轻而短促的“铛铛”敲击声（这是连杆轴承异响的主要特征）。

2）发动机怠速运转时能听到明显响声，且机油压力降低。

3）发动机温度变化时响声不变化。

4）发动机负荷变化时，响声随负荷增加而加剧。

5）单缸断火，响声明显减弱或消失，但复火时响声又会立即出现。

（2）故障原因

1）连杆轴承盖的固定螺栓松动或断裂。

2）连杆轴承减磨合金（轴瓦）烧毁或脱落。

3）连杆轴承或轴颈磨损严重，造成径向间隙过大。

4）润滑系统油压过低或机油黏度过低。

（3）故障诊断

1）改变发动机转速，怠速时响声较小，中速时较为明显，稍微踩下加速踏板便会发出连续的敲击声，急加速时敲击声随之增大，高速时因其他杂音干扰而不明显。诊断时应使发动机怠速运转，然后由怠速向低速，由低速向中速，再由中速向高速进行试验，同时结合单缸断火法，在机油加注口听诊，响声随转速的提升而增大，轻踩加速踏板，在加油的瞬间异响明显。响声严重时，在任何转速下均可听到清晰、明显的敲击声。

2）改变发动机负荷，响声会有明显变化，负荷越大，响声越大。

3）改变发动机温度，异响几乎无变化，但有时会受润滑油温度的影响。

4）单缸断火，响声明显减弱或消失，但复火时响声又会立即出现。当连杆轴承过于松旷时，单缸断火声响无明显变化。

5）连杆轴承响声在油底壳侧面较大。用听诊器触在机体上听诊，响声不是十分清晰，但在机油加注口或曲轴箱通风管口直接查听，可清楚听到连杆轴承敲击声。

6）伴随现象：连杆轴承异响会伴随有油压明显降低的现象，严重时机体振抖，这有别于活塞敲缸和活塞销异响。可用手将螺丝刀或听诊器抵住缸体下部或油底壳处，当触试相应的故障缸位时会有明显振感。

3. 活塞敲缸异响

（1）故障现象

1）发动机在怠速或低速运转时，气缸上部会发出清晰而明显的“嗒嗒”金属敲击声。

2）发动机在中速及中速以上运转时响声减弱或消失。

3）发动机温度变化响声也变化。

4）多数情况下异响在冷车时明显，热车时减弱或消失。

5）发动机负荷越大异响也越大，但润滑系统油压不降低。

6）单缸断火，响声减弱或消失。

（2）故障原因

1）活塞与气缸壁配合间隙过大。

2）活塞与气缸壁间润滑条件过差。

3）活塞在常温时椭圆度过小。

4）活塞销与活塞销座孔装配过紧。

5）活塞销与连杆小头衬套装配过紧。

6）连杆轴承装配过紧。

7）活塞圆柱度过大。

（3）故障诊断

1）发动机怠速或低速运转时响声比较清晰，中速以上运转时，响声减弱或消失。

2）负荷加大，响声加大。

3）一般冷车时响声明显，热车后响声减弱或消失，即冷敲缸；严重时冷热均敲缸，并伴有振抖。

4）将发动机置于响声明显的转速下，进行单缸断火试验，响声明显减弱或消失。

5）润滑不良时响声加重。

6）将听诊器或听诊杆触在机体上部两侧进行听诊。若响声较强并稍有振动，再结合断火试验，即可确定异响气缸。

7）伴随现象：排气管排蓝烟、缸压降低等。用螺丝刀或听诊器抵紧气缸侧部触试，有明显振感。

4. 活塞销异响

（1）故障现象

1）发动机在怠速、低速和从怠速向低速抖动节气门时，可听到清脆而又连贯的“嗒嗒”金属敲击声。

2）响声随转速的提升而增大，随负荷的增大而加重。

3）发动机温度变化对异响稍有影响但影响不大。

4）润滑系统油压不降低。

5）单缸断火异响明显减弱或消失，复火瞬间异响又出现或连续出现两次。

（2）故障原因

1）活塞销与连杆小头衬套配合松旷。

2）衬套与连杆小头孔配合松旷。

3）活塞销与活塞上的销座孔配合松旷。

（3）故障诊断

1）转速变化时，异响也随之发生周期性变化，加速时响声变大；当发动机转速稍高于怠速时，异响比较明显，响声比较清脆。当发动机从怠速向低速加速时，异响随转速的变化而变化，且在转速升高的瞬间，发出清脆、连续而有节奏的响声。

2）温度上升，异响不但没有减弱，反而更加明显。有时冷车时响声小，热车时响声大。

3）单缸断火时，异响减弱或消失。复火时异响会明显出现 1 响或连续 2 响。严重时，在响声较大的转速下进行断火试验，往往响声不消失且变得杂乱。

4）用螺丝刀或听诊器抵触在发动机上侧部或气缸盖上变换转速查听，在气缸壁上部听到的响声应该比下部明显。若响声不明显，将点火时间提前，这时响声会较之前明显，特点是上下双响，响声较脆。

5）根据不同征兆具体诊断：

①若转速越高，响声越大，单缸断火时响声反而杂乱，则故障为活塞销与衬套间隙过大。

②若怠速时，异响为有节奏且较沉重的响声，提高转速响声不减，同时伴有机体轻微抖动，断火试验响声加重，则说明活塞销自由窜动。

③若急加速时，响声尖锐而清晰，断火试验时响声减轻或消失，则很可能是活塞销断裂。

三、发动机配气机构异响的诊断

1. 气门异响

（1）故障现象

1）发动机怠速运转时发出连续不断且有节奏的“嗒嗒”（在气门脚处）或“啪啪”（在气门座处）敲击声。

2）发动机转速提升，响声也随之增大。

3）发动机温度变化和单缸断火时，响声不减弱。

4）气门响（气门脚响和气门座响统称为气门响）声杂乱。

（2）故障原因

1）气门脚响

①气门间隙过大。

②气门间隙调整螺钉松动或该间隙处两接触面不平。

③配气凸轮过度磨损，造成缓冲段效能下降，加重了挺杆对气门的冲击。

④气门润滑不良。

2）气门座响

①气门杆与其导管配合间隙过大。

②气门头部与其座圈接触不良。

③气门座圈松动。

④气门脚间隙过大。

（3）故障诊断

1）转速提升，响声增大，节奏加快。怠速、低速时响声明显，中速以上变得模糊杂乱。

2）负荷、温度、缸位变化对气门脚响无影响，断火试验异响无变化。

3）怠速下在气门室处听诊，异响非常明显，气门脚响声清脆有节奏，在发动机周围就能听到较为清晰的响声。

2. 液压挺柱异响

（1）故障现象

1）发动机怠速运转时发出有节奏的金属敲击声，中速以上运转时响声减弱或消失。

2）凸轮轴附近响声明显，断火试验响声无变化。

（2）故障原因

1）挺柱与导孔配合面磨损严重。

2）挺柱液压偶件磨损。

3）润滑系统供油不足。

（3）故障诊断

改变发动机转速并用听诊器查听响声的变化。怠速时发动机顶部响声明显，中速以上响声减弱或消失，断火试验响声无变化，即为液压挺柱异响。具体异响部位可用听诊器根据响声变化来判断。在起动时液压挺柱有不大的响声是正常的（机油未充分进入液压挺柱），当发动机转速达到 2 500 r/min 时，继续运转 2 min，若挺柱仍有响声，应先检查调整机油压力。若机油压力正常，则应更换液压挺柱。

四、发动机异响故障诊断实例

一辆行驶里程 100 000 km 的 2018 款迈腾 B8 汽车，车主反映车辆在怠速运行时，发动机舱附近有类似口哨的响声传出，特别是在暖机过程中，这种响声尤为明显。为了进一步了解故障现象，检修人员对车辆进行了试车检查，并确认了车辆的异响故障。

1. 故障分析

鉴于异响源自发动机顶部、进气管及涡轮周边区域，初步诊断是进气系统密封性不足导致的漏气问题，以及进气歧管所连接的各类真空软管（如真空助力器、燃油蒸发控制体系、废气再循环控制体系、曲轴箱二次通风管等部件）存在漏气现象。鉴于该车辆装备有增压器，且增压器至节气门间存在高于外界环境的压力差，故可排除此部分区域的漏气可能性。

2. 诊断提示

发动机异响一般采用人工直观检查法进行诊断，即通过视觉、触觉和听觉等直接感官手段，对发动机的机械部件进行技术状况和故障点的诊断，必要时辅以实验或简易工具。此方法无需特定设备，诊断结果的准确性高度依赖诊断人员的专业技能和实践经验。

（1）看：即仔细观察疑似故障部位的机构、总成和零件状态，如仪表读数、机体裂痕与变形、尾气颜色、油液渗漏等，并综合其他相关信息，分析评估发动机的运行状况。

（2）摸：即用手触摸可能的故障部位，感受其温度和振动情况，评估部件的配合紧密度、轴承间隙以及零件平衡状态等。

（3）听：即听发动机不同工况和部位发出的声音及规律，区分正常和异常响声。例如，气缸内是否有爆震声，排气消声器是否有放炮或"突突"声等。

（4）试：即运用试验的方法，使故障现象充分显现。例如，按喇叭、启动点火或灯光系统、通过火花塞"断火"操作使发动机转速急剧变化等。必要时，还可通过替换完好的总成或零件进行对比测试。

鉴于人工直观检查法的局限性，为提高诊断准确度，常辅以仪器设备进行诊断与分析。常用的辅助设备包括听诊器、噪声计、振动分析仪等。

3. 诊断结果

起动发动机后，随即打开发动机舱盖，此时响声较为微弱；然而，在发动机逐渐暖机的过程中，可以清晰地捕捉到一种口哨声，该声音源自发动机的上部区域，特别是进气歧管与涡轮附近。若身处驾驶室听该声音，该声音类似于金属研磨或皮带传动发出的响声。

（1）对发动机外围部件进行系统检查，未发现问题，怀疑故障为进气系统漏气。

（2）拆装进气系统并严格密封，试车后，故障依旧，进一步怀疑故障在油气分离器。

（3）抽出机油尺，打开机油加注口盖或堵住油气分离器的小孔，发现声音有明显变化；还原车辆后，声音再次出现；反复实验多次，现象依旧。由此判定，故障应在油气分离器。更换油气分离器后，故障排除。

项目三 汽车底盘故障诊断

汽车底盘主要由传动系、行驶系、转向系和制动系等四大核心部分组成。其主要功能是为汽车发动机及各部件提供支撑和安装平台，从而形成完整的汽车结构。汽车底盘的技术状况对于整车的操控稳定性和安全性至关重要，同时，它也对发动机的动力输出效率和燃油经济性有直接影响。

任务❶ 传动系故障诊断

学习目标

1. 掌握汽车底盘传动系的常见故障及其故障现象、原因和诊断方法。
2. 能够与小组成员合作制定汽车底盘传动系的故障诊断方案，并共同完成故障诊断工作。

汽车底盘传动系主要包括离合器、变速器、差速器、万向传动装置、驱动桥等核心部件，如图 3-1-1 所示。其技术状况不良将导致发动机动力性和燃油经济性变差，同时影响车辆操控性。

图 3-1-1 汽车底盘传动系

一、离合器的常见故障

离合器位于发动机与变速器之间，其主动部分与发动机的飞轮相连，主要由压盘、离合器盖等零部件组成；从动部分与变速器相连，主要由从动盘、变速器输入轴等零部件组成；压紧机构主要是压紧弹簧；操纵机构主要由分离杠杆、分离轴承、分离叉和离合器踏板等组成，如图 3–1–2 所示。

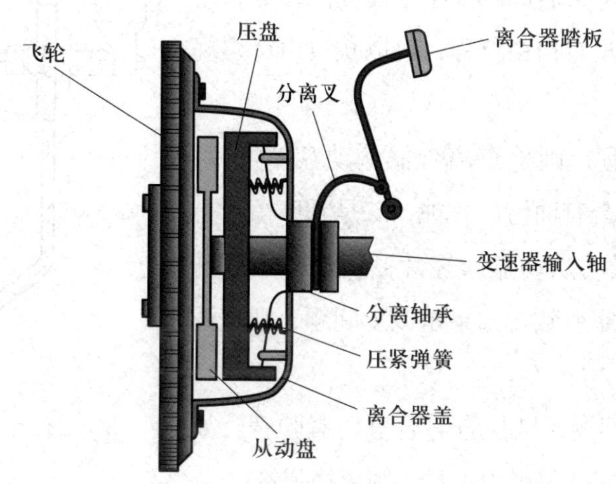

图 3–1–2 离合器结构示意图

离合器的主要作用是在汽车起步和变速器换挡时，暂时切断发动机与变速器的连接。其常见故障有离合器打滑、离合器分离不彻底、离合器起步发抖和离合器异响等。

1. 离合器打滑故障

（1）故障现象

1）汽车起步时，完全抬起离合器踏板，但汽车不能起动或起动困难。

2）汽车在行驶过程中加速时，发动机转速升高，但车速不能同步增加。

3）汽车负荷增大时（如爬坡），打滑现象明显，严重时可嗅到离合器摩擦片的焦臭味，甚至烧坏离合器总成。

（2）故障原因

1）离合器踏板自由行程太小或没有自由行程。

2）离合器从动盘摩擦片过薄、硬化、有油污、有腐蚀或铆钉外露。

3）离合器压盘过薄或压盘飞轮变形。

4）离合器压紧弹簧过软或断裂，导致分离轴承持续压在分离杆上，从而使压盘处于半分离状态。

5）离合器与飞轮连接螺栓松动。

6）离合器分离杠杆调节过高。

7）液压分离装置卡滞。

8）离合器膜片弹簧弹力不足或破裂。

（3）故障诊断

1）检查离合器踏板自由行程，如图 3–1–3 所示。踩、抬离合器踏板，感觉踏板是否有自由行程或行程太小。也可拆下离合器盖，观察分离杠杆与分离轴承有无间隙，若间隙过小或无间隙，即为自由行程太小或者完全没有自由行程，可以按自由行程规定值进行调整。

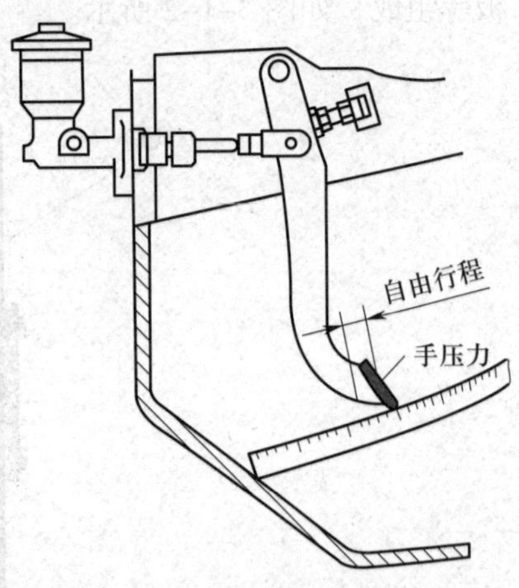

图 3–1–3　检查离合器踏板的自由行程

2）若有自由行程，则检查离合器从动盘摩擦片，一是看摩擦片边缘是否有油污、腐蚀，二是看摩擦片是否过硬或过软；若拨动从动盘摩擦片，发现有金属粉末，则可能是铆钉外露所致。如果是以上问题，则清洗摩擦片或更换。

3）若不是上述问题，则检查离合器压紧弹簧，如图 3–1–4 所示。若压紧弹簧弹力不足，则更换弹簧。

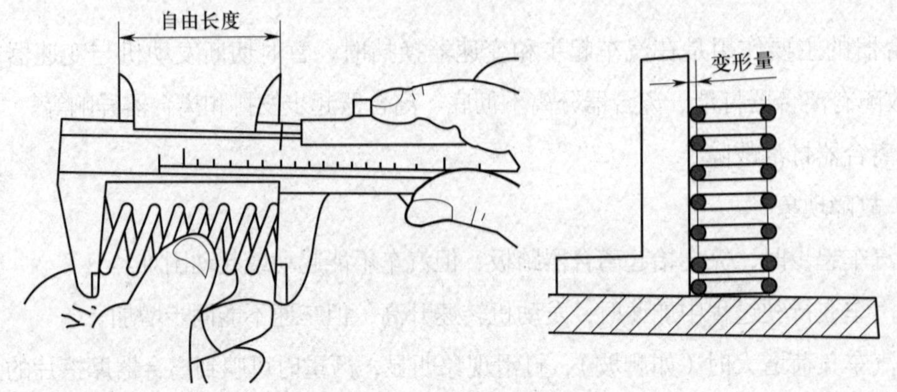

图 3–1–4　检查离合器压紧弹簧

4）检查飞轮。如果飞轮变形，则更换。

5）检查离合器盖与飞轮连接螺栓是否松动，如图 3–1–5 所示，将离合器分离杠杆调整到适当位置。

6）如果以上检查均未发现问题，则检查液压分离装置是否卡滞，若出现卡滞，应予以调整，使其工作灵活。

2. 离合器分离不彻底故障

（1）故障现象

1）汽车起步时，将离合器踏板踏到底，仍感到挂挡困难，强行挂入挡后，未放松踏板，汽车就向前移动或造成发动机自行熄火。

2）变速时挂挡困难或挂不进挡位，同时变速器内发出齿轮撞击声。

（2）故障原因

1）离合器踏板自由行程太大。

2）从动盘摩擦片太厚或从动盘正、反面装错。

3）从动盘及压盘钢片翘曲，摩擦片破裂或铆钉松动。

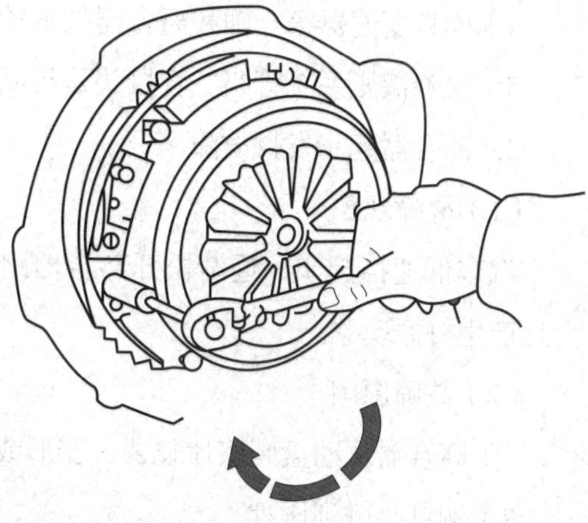

图 3-1-5 检查离合器盖与飞轮连接螺栓

4）分离杠杆调整不当，内端不在同一平面或内端面高度太低；分离杠杆弯曲变形、支座松动、支座轴销脱出等。

5）离合器盖固定螺栓部分松动。

6）液压系统（液压离合器）漏油造成油量不足或有空气侵入。

（3）故障诊断

1）检查离合器踏板自由行程是否合适，若自由行程过大，应进行调整。

2）检查离合器从动盘和摩擦片安装是否正确，若从动盘变形或损坏应及时更换。

3）检查分离杠杆是否变形，支座是否松动；检查分离杠杆高度是否一致或过低。拨动分离叉，使分离轴承前端轻轻地靠在分离杠杆内端面上，转动离合器一周，看它们的接触情况，若分离杠杆的内端能同时与分离轴承接触，则分离杠杆内端高度一致，如图 3-1-6 所示；若有个别分离杠杆与分离轴承接触不上，则说明分离杠杆高度不一致，应进行调整。如果分离杠杆高度调整到一致后仍有分离不彻底的现象，则进一步检查分离杠杆高度是否合适，可将各分离杠杆调到同样的高度，如果调整后分离仍不彻底，说明是分离杠杆调整不当或内端磨损过限所致；分离杠杆调整后，应重新调整踏板自由行程。

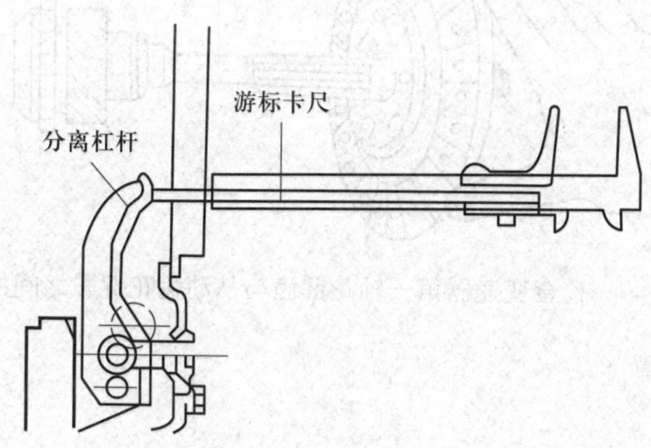

图 3-1-6 测量分离杠杆内端高度

4）检查变速器第一轴和离合器的从动盘配合是否良好，若配合不当应及时调整。

5）检查液压系统管路、管接头是否漏油。

3. 离合器起步发抖故障

（1）故障现象

汽车低速挡起步，逐渐松开离合器踏板，同时慢慢踩下加速踏板，离合器不能平顺接合且产生抖振现象。

（2）故障原因

1）离合器从动盘摩擦片破裂、变形或沾有油污。

2）铆钉头碰到压盘。

3）各分离杠杆高低不一，不在同一平面。

4）主、从动盘压盘钢片翘曲，飞轮工作面跳动严重。

5）压紧弹簧变软或断裂。

6）从动盘花键槽与变速器第一轴花键过脏。

7）分离轴承套筒与导管之间有污垢，导致分离轴承不能回位。

（3）故障诊断

1）检查从动盘摩擦片是否破裂、凹凸不平或有油污，如有应更换摩擦片或予以清洗。

2）检查铆钉头是否外露磨损，如果碰到压盘应维修。

3）拆下离合器盖，查看分离杠杆是否在同一平面上，如果不在，应调整到同一平面。

4）查看从动盘是否硬化，若弹簧弹力不均匀，应拆下检修。

5）检查分离轴承是否进退不灵活，若感觉发涩，说明变速器第一轴花键齿与从动盘花键毂之间有污垢，应进行清洗，如图 3–1–7 所示。

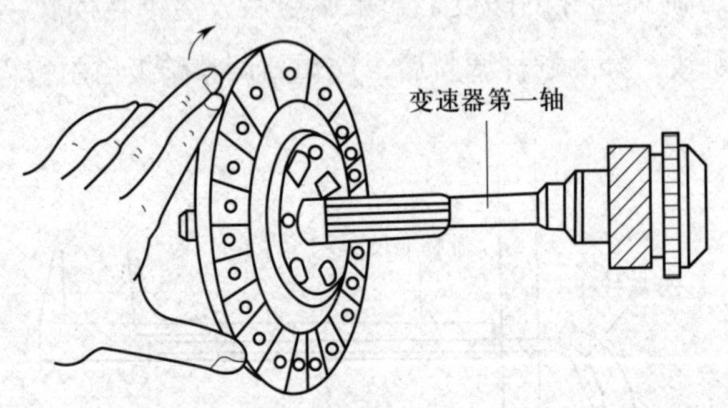

图 3–1–7　检查变速器第一轴花键齿与从动盘花键毂之间的配合

4. 离合器异响故障

（1）故障现象

1）发动机运转时，踩下离合器踏板，会听到不正常的响声发出，松开踏板，响声消失。

2）踩下或松开离合器踏板，都能听到不正常的响声。

（2）故障原因

1）离合器分离轴承因缺少润滑脂而磨损、烧蚀。

2）分离轴承回位弹簧过软、伸长或脱落。

3）分离杠杆或浮动销磨损、松旷。

4）踏板回位弹簧断裂、过软，导致分离轴承与分离杠杆碰撞。

5）离合器铆钉松动，钉头露出摩擦片；压盘钢片破裂或减振弹簧磨损、断裂；分离叉卡滞。

6）分离杠杆或其支架销及孔磨损、松旷。

7）发动机和变速器连接轴不在同一直线上。

（3）故障诊断

1）检查离合器踏板有无回程，用脚踩下踏板，如果响声消失，则踏板有回程，只是踏板回位弹簧弹力不足或断裂脱落；检查弹簧弹力，若不足则更换。

2）如果踏板回位正常，检查离合器的自由行程。如果自由行程不符合要求，应调整；若自由行程正常，当发动机转速有变化时，存在间歇性的撞击声和摩擦声，说明离合器分离轴承回位弹簧弹力不足，应更换。

3）慢慢踩下离合器踏板，直至分离杠杆与分离轴承刚好接触，若出现“沙沙”声，说明分离轴承有问题，拆下离合器检查离合器分离轴承，如图 3–1–8 所示。

4）如果踩下离合器踏板没有异响出现，但踩到底时，却发出“喀啦、喀啦”的响声，且随着发动机转速升高，响声变大，这可能是变速器内部太脏，需要进行清洗。清洗过程中，如果在流出的清洗油中混有齿轮或轴承损坏掉落的较大颗粒状金属屑，说明变速器内部可能撞击损坏，应对变速器进行解体检查，并排除故障。

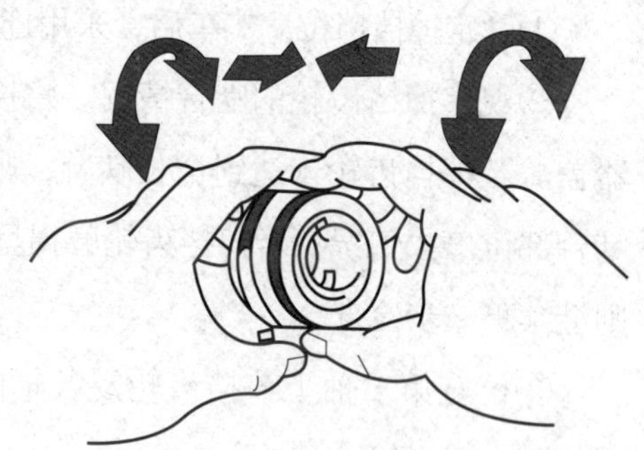

图 3–1–8　检查离合器分离轴承

二、变速器的常见故障

变速器是汽车传动系统中至关重要的组成部分，它负责将发动机产生的动力传递给驱动轮，并根据不同的行驶条件调整输出扭矩和转速。通过改变齿轮比，变速器能够使汽车在起动、加速、爬坡和高速行驶等不同工况下保持最佳的性能表现。

汽车常见的变速器类型有手动变速器（MT）和自动变速器（AT）。

手动变速器主要依靠驾驶员操作离合器和换挡杆来切换不同的齿轮比，具有结构简单、成本低廉和燃油经济性好的优点，但需要驾驶员具备一定的驾驶技巧。自动变速器则通过复杂的液压系统和电子控制单元自动完成换挡操作，驾驶员只需控制油门和刹车即可。自动变速器提供了更为舒适和便捷的驾驶体验，但比手动变速器质量更大、结构更复杂，燃油经济性稍逊一筹。

1. 手动变速器的常见故障

手动变速器的常见故障有跳挡、乱挡、漏油和异响等。

（1）变速器跳挡故障

1）故障现象

汽车在加 / 减速或爬坡时，换挡杆自动跳回空挡位置。

2）故障原因

①换挡杆位置不当。换挡杆没有调整好或换挡杆弯曲，换挡连接机构磨损或调整不良。

②拔叉磨损。拔叉本身磨损变形或拔叉轴凹槽磨损，导致拔叉轴向自由行程过大及拔叉位置不正确。

③同步器损坏。同步器轮齿磨损，滑块弹簧弹力失效，滑块损坏。

④齿轮磨损。齿轮沿齿长方向磨成锥形，可以通过检查变速器齿轮油来判断磨损情况。

⑤自锁装置失效。自锁装置的凹槽、钢球磨损严重，自锁弹簧疲劳或断裂。

3）故障诊断

①确定掉挡挡位。热车后，采用连续加 / 减速的方法进行逐挡路试。

②观察掉挡齿轮的啮合情况。将换挡杆挂入掉挡挡位，关闭点火开关，小心拆下变速器盖。若掉挡齿轮未达到全长啮合，则故障由此引起；若掉挡齿轮达到全长啮合，则检查啮合部位磨损情况；若掉挡齿轮磨损呈锥形，则故障由此引起；若掉挡齿轮并未出现磨损，则继续下一步检查。

③检查第二轴上该挡齿轮及各轴的轴向和径向间隙，如图 3–1–9 所示。如间隙过大，则故障由此引起。

④检查自锁装置。若自锁装置的止动阻力微弱（将变速器盖固定于台虎钳之上，手动摇动换挡杆），则可判断是自锁效能不佳；反之，若故障并非由此引起，则问题可能源于离合器与变速器的接合面与曲轴轴线未保持垂直。

（2）变速器乱挡故障

1）故障现象

在离合器技术状况正常的情况下：

①换挡挂不上挡位或挂上挡后摘不了挡（不能退回空挡）。

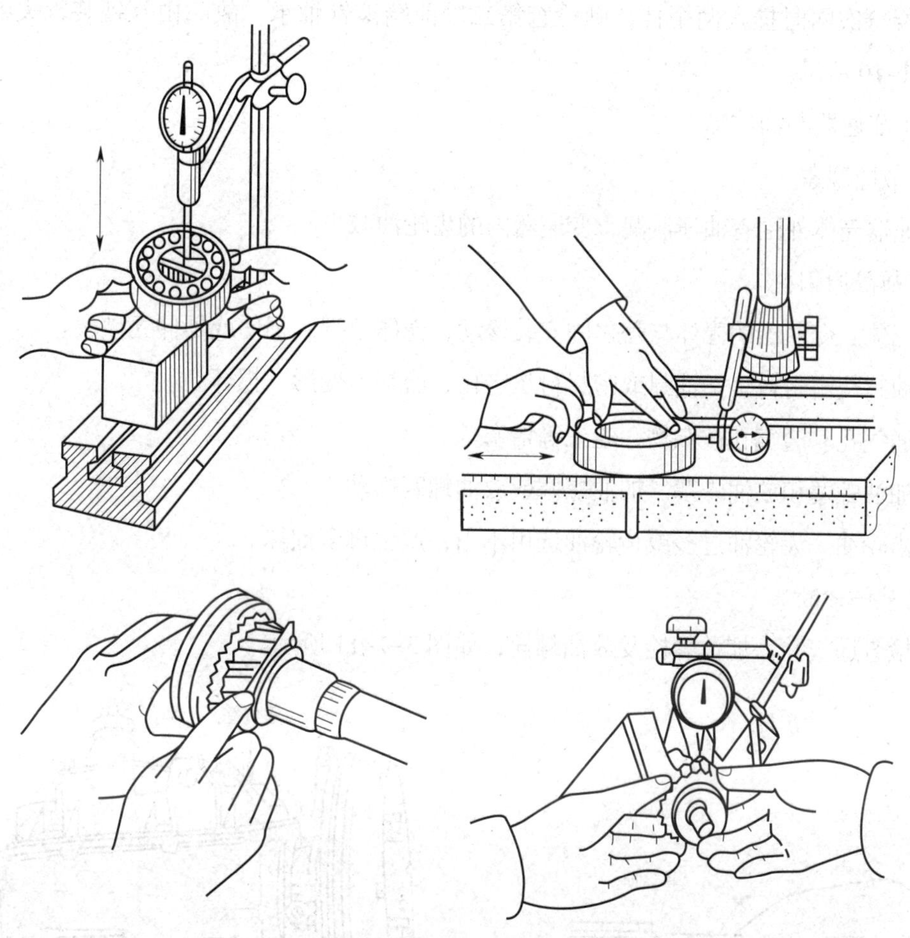

图 3-1-9 检查齿轮及轴承的轴向和径向间隙

②实际挂入的挡位与应该挂入的挡位不相符，汽车不能正常行驶。

③一次同时挂入两个挡位，无法传递发动机的动力。

2）故障原因

①操纵机构变形或磨损。换挡杆下端长度不足，其工作面或拔叉轴上导块的导槽磨损严重。

②换挡杆球头座松旷。换挡杆球头定位销磨损、松旷、断裂，或球头、球孔磨损过大。

③互锁装置失效。互锁装置的凹槽、互锁销或互锁球磨损严重或漏装。

3）故障诊断

①如果是挂不上挡或挂上挡后摘不了挡，则检查换挡杆下端，故障一般是由换挡杆从导槽中脱出引起（脱出原因是下端弧形工作面磨损或导槽磨损或换挡杆下端长度不足）。

②如果是挂入的挡位与应挂的挡位不相符，则摇动换挡杆，检查其摆转角度，若超出正常范围，则故障由换挡杆下端球头定位销与定位槽配合松旷，或球头、球孔磨损过大引起。

③若一次同时挂入两个挡，则检查第二轴前端滚针轴承，故障由互锁装置失效引起，如图 3–1–10 所示。

（3）变速器漏油故障

1）故障现象

变速器壳体外围有油渍泄漏，变速器内的齿轮油减少。

2）故障原因

①壳体。变速器的壳体与盖之间安装松动，壳体龟裂、损伤或延伸壳破裂。

②油封及密封衬垫。油封或密封衬垫老化、磨损、变形、损坏。

③通气孔。通气孔被杂物、尘土等堵塞。

④加油螺塞和放油螺塞。加油螺塞或放油螺塞松动。

⑤齿轮油。齿轮油过多或齿轮油选用不当，产生过多泡沫。

3）故障诊断

①检查通气孔、加油螺栓及放油螺栓，如图 3–1–11 所示。

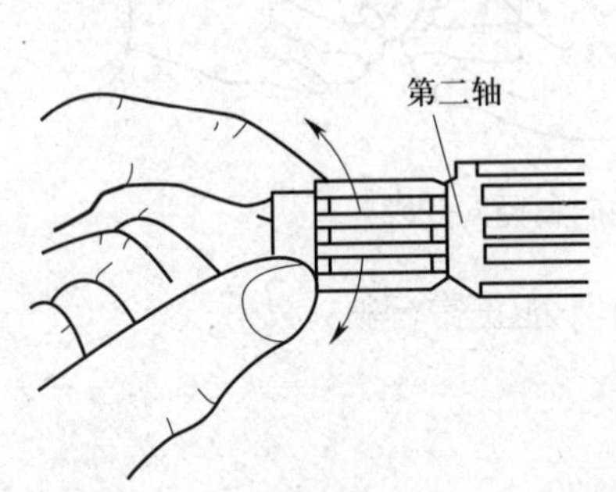

图 3–1–10　检查第二轴前端滚针轴承

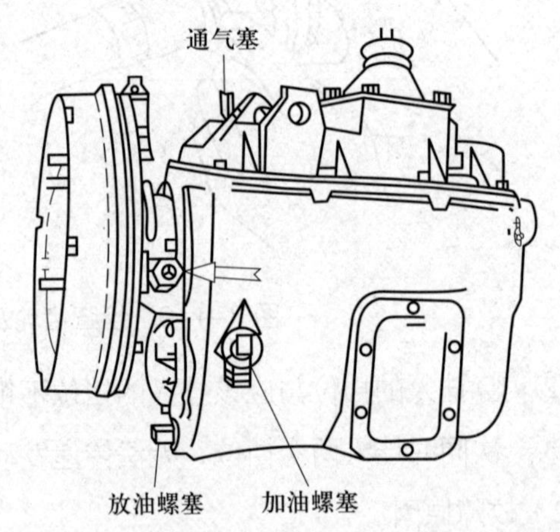

图 3–1–11　检查通气孔、加油螺栓及放油螺栓

②检查油封及密封衬垫。

③检查齿轮油。

④检查变速器壳体。若有裂纹但不严重，则拆开变速器，在裂纹处涂上密封胶；若裂纹严重，则更换变速器壳。

（4）变速器异响故障

1）故障现象

变速器工作时发出不正常响声，如金属摩擦声、齿轮冲击声等。

2）故障原因

①轴承异响。轴承缺油、磨损松旷、疲劳剥落或轴承滚动体破裂。

②齿轮异响。齿轮磨损严重，齿侧间隙太大，齿面疲劳导致金属剥落，个别齿损坏、断裂等；齿轮制造精度低或齿轮副不匹配，维修中未成对更换相啮合的齿轮；齿轮与轴或轴上花键配合松旷；齿轮轴弯曲等。

③操纵机构异响。变速器操纵机构各连接处松动，拨叉变形或磨损松旷。

④其他原因异响。变速器缺油，齿轮油过稀、过稠或质量变差；变速器与发动机安装时，曲轴与变速器第一轴轴线不同轴或变速器壳体变形；壳体轴承孔修复后轴线发生变动或两轴线不同轴，变速器壳体前端面与第一、第二轴轴线垂直度或第一、第二轴与曲轴同轴度超差；变速器内掉入异物或某些紧固螺栓松动。

3）故障诊断

①若变速器发出金属干摩擦声，应检查变速器是否缺油或油质不好。

②发动机怠速运转时，若变速器空挡有异响，而踏下离合器踏板后响声消失，则应拆下变速器，检查第一轴后轴承和常啮合齿轮。

③在汽车起动或换挡过程中，踏下离合器踏板瞬间，变速器发出强烈的金属摩擦声，而在离合器完全接合后响声消失，应检查变速器第一轴前轴承是否磨损松旷或损坏。

④若空挡滑行时无异响，当挂入某一挡位起步、在某一挡位变速或匀速行驶时产生异响，应检查该挡位齿轮或花键的啮合是否磨损松旷、损坏或存在啮合间隙过小的情况。

⑤若变速器在汽车低速挡行驶时有异响，但高速挡行驶时响声减弱或消失，空挡滑行时可听到"哗哗"的响声，应检查变速器第二轴后轴承的松旷程度。

⑥变速器在各挡位行驶时均有异响，且加速时响声尤为明显，则应分解变速器，检查变速器壳体、轴、齿轮、花键和轴承等是否严重磨损或变形。

2. 自动变速器的常见故障

自动变速器的常见故障有汽车不能行驶、自动变速器打滑、换挡冲击大、不能升挡和自动变速器异响等。导致自动变速器故障的原因有很多，情况也比较复杂，如电子控制系统故障或调整不当，油泵、液力变矩器、控制阀、换挡执行元件故障等。在故障诊断过程中，应先对电子控制系统进行检修，然后再对相关部位进行调整，最后再进行分解检修，切忌盲目拆卸。

（1）汽车不能行驶故障

1）故障现象

①换挡杆无论位于倒挡还是前进挡位，汽车都不能行驶。

②汽车冷车起动后能行驶一小段路程，但热车状态下不能行驶。

2）故障原因

①自动变速器油底壳、散热器或油管破损渗漏，导致自动变速器油漏光。

②换挡杆和手动阀摇臂之间的连杆或拉索松脱，手动阀保持在空挡或停车挡位置。

③油泵进油滤网堵塞。

④主油路严重泄漏。

⑤油泵损坏。

3）故障诊断

①检查自动变速器内有无自动变速器油。拔出自动变速器油尺，观察油尺上有无自动变速器油。若油尺上没有自动变速器油，说明自动变速器内的自动变速器油已漏光。对此，应检查自动变速器油底壳、散热器、油管等有无破损。

②检查自动变速器换挡杆与手动阀摇臂之间的连杆或拉索有无松脱。如果有松脱，应予以装复，并重新调整换挡杆至合适位置。

③检查油泵。拆下主油路测压孔上的螺塞，启动发动机，将换挡杆置于前进挡或倒挡位，检查测压孔内有无自动变速器油流出。若主油路侧压孔内没有自动变速器油流出，应打开油底壳，检查手动阀摇臂轴与摇臂间有无松脱，手动阀阀芯有无折断或脱钩，若手动阀工作正常，则说明油泵损坏；若主油路测压孔内只有少量自动变速器油流出，油压很低或基本上没有油压，应打开油底壳，检查油泵进油滤网有无堵塞，如无堵塞，说明油泵损坏或主油路严重泄漏；若主油路测压孔内有大量自动变速器油喷出，说明主油路油压正常，故障出在自动变速器中的输入轴、行星排或输出轴。

④若冷车起动时主油路有一定的油压，但热车后油压明显下降，说明油泵磨损过甚。

（2）自动变速器打滑故障

1）故障现象

①车辆起动时，踩下加速踏板，发动机转速很快增加但车速提升缓慢。

②车辆行驶过程中，踩下加速踏板，发动机转速提升但车速没有随之提高。

③车辆在平坦路面上行驶时表现正常，但在爬坡时显得动力不足，同时发动机转速显著升高。

2）故障原因

①自动变速器油量不足。

②自动变速器油量过多，运转中被行星排剧烈搅动后产生大量气泡。

③离合器或制动器摩擦片、制动带磨损严重或烧焦。

④油泵磨损过度或主油路泄漏，造成主油路油压过低。

⑤单向离合器打滑。

⑥离合器或制动器活塞密封圈损坏，导致漏油。

⑦减振器活塞密封圈损坏，导致漏油。

3）故障诊断

①针对出现打滑现象的自动变速器，应先检查自动变速器油的油面高度。若油面高度过低或过高，应先调整油面高度至正常水平再做检查。

②检查自动变速器油品质。若油液呈棕黑色或有烧焦味，说明离合器或制动器的摩擦片或制动带有烧焦。

③针对有打滑故障的自动变速器，在拆卸分解之前，应先检查自动变速器的主油路油压，以找出造成自动变速器打滑的原因。自动变速器不论前进挡或倒挡均打滑，其原因往往是主油路油压过低；若主油路油压正常，则只需更换磨损或烧焦的摩擦元件即可；若主油路油压不正常，则在拆修自动变速器的过程中，应根据主油路油压，相应地对油泵或调压阀进行检修，并更换自动变速器的所有密封圈和密封环。

（3）换挡冲击大故障

1）故障现象

①汽车起动时，换挡杆由停车挡或空挡位挂入倒挡或前进挡位，汽车振动强烈。

②汽车在行驶过程中，自动变速器升挡瞬间，有明显闯动。

2）故障原因

①发动机怠速过高。

②节气门位置传感器调整不当，导致主油路油压过高。

③升挡过迟。

④节气门阀的真空软管破裂或松脱。

⑤主油路调压阀故障，导致主油路油压过高。

⑥减振器活塞卡滞，导致减振器无法起到减振作用。

⑦单向阀阀球损坏或漏装，导致换挡执行元件（离合器或制动器）结合过快。

⑧换挡执行元件打滑。

⑨油压电磁阀（电控自动变速器）不工作。

⑩变速器电控系统故障。

3）故障诊断

①检查发动机怠速。安装自动变速器的汽车，其发动机怠速速率大约为 750 r/min，若怠速过高，应按标准予以调整。

②检查节气门或节气门位置传感器的调整情况。如不符合标准，应重新调整。

③检查节气门阀的真空软管。如有破裂，应更换；如有松脱，应重新连接。

④检测主油路油压。如果怠速时的主油路油压过高，说明主油路调压阀或节气门有故障，可能是调压弹簧的预紧力过大或阀芯卡滞所致；如果怠速时主油路油压正常，但起步挂挡时有较大冲击，说明离合器前进挡或倒挡及高速挡位的进油单向阀阀球损坏或漏装。

⑤检测换挡时的主油路油压。正常情况下，换挡时的主油路油压会有瞬时的下降。如果换挡时主油路油压没有下降，说明减振器活塞卡滞。

⑥若为电控自动变速器，应检查油压电磁阀线路和油压电磁阀工作是否正常，以及ECU是否在换挡瞬间向油压电磁阀发出控制信号。

（4）不能升挡故障

1）故障现象

①汽车在行驶过中，自动变速器始终保持在1挡位，不能升入2挡和高速挡位。

②汽车在行驶过中，自动变速器可以升入2挡位，但不能升入3挡和高速挡位。

2）故障原因

①节气门位置传感器损坏。

②车速传感器故障。

③制动器2挡位或离合器高速挡位故障。

④换挡阀卡滞。

⑤挡位开关故障。

3）故障诊断

①针对电控自动变速器，应首先进行故障自诊断，然后用汽车故障诊断仪读取故障码，按故障码查找故障原因。影响换挡控制的传感器有节气门位置传感器、车速传感器等。

②根据故障码，检查节气门位置传感器。

③根据故障码，检查车速传感器。

④根据故障码，检查挡位开关信号。

⑤若控制系统无故障，应分解自动变速器，检查各换挡执行元件有无打滑现象，以及用压缩空气检查离合器、制动器油路或活塞有无泄漏。

（5）自动变速器异响

1）故障现象

①汽车在运行过程中，自动变速器始终有异常响声。

②汽车在行驶过程中，自动变速器有异响，停车挂空挡异响消失。

2）故障原因

①油泵磨损过度、自动变速器油量过少或过多。

②变矩器锁止离合器、导轮单向离合器等损坏。

③行星齿轮机构异常。

④换挡执行元件异常。

3）故障诊断

①检查自动变速器油面高度。

②用举升机将汽车升起，启动发动机，在空挡、前进挡、倒挡等挡位下检查自动变速器产生异响的部位和时刻。

③若在任何挡位下，自动变速器都有连续异响发出，通常为油泵或变矩器异常。对此，应拆检自动变速器，检查油泵有无磨损、变矩器内有无金属粉末或固体颗粒物。

④若自动变速器只在行驶过程中才有异响，空挡时无异响，则为行星齿轮机构异常。对此，应分解自动变速器，检查行星排的各个零件有无磨损痕迹，齿轮有无断裂，单向离合器有无磨损、卡滞，轴承或止推垫片有无损坏。

三、万向传动装置的常见故障

万向传动装置的作用是有效连接发动机和驱动轮，确保动力的顺畅传递。其工作原理是基于万向节的设计，通过允许轴线之间存在一定的角度变化，从而实现传动轴的灵活转动，主要由万向节、传动轴、中间支承、支架和连接件等组成。

万向传动装置的常见故障有传动轴或驱动桥半轴异响、传动轴发抖或驱动桥半轴振动等。

1. 传动轴或驱动桥半轴异响故障

（1）故障现象

1）汽车在起动或行驶过程中，有撞击声出现，且车速变化时响声尤为明显。

2）汽车在行驶过程中，当加/减速或转弯时，驱动桥发出不正常响声。

（2）故障原因

1）传动轴装配错误，两端的万向节叉不在同一平面内。

2）万向节十字轴装配过紧。

3）万向传动装置各连接部位及中间支架的固定螺栓松动。

4）中间支承和十字轴滚针轴承润滑不良。

5）中间支承与中间传动轴轴径配合松旷。

6）传动轴花键齿与滑动叉花键槽磨损松旷，或变速器第二花键齿与凸缘花键槽磨损松旷。

7）驱动桥半轴内/外侧等速万向节磨损过度或损坏。

（3）故障诊断

1）检查装配标记是否对正，以确定传动轴两端万向节叉是否在同一平面内，如图 3–1–12 所示。

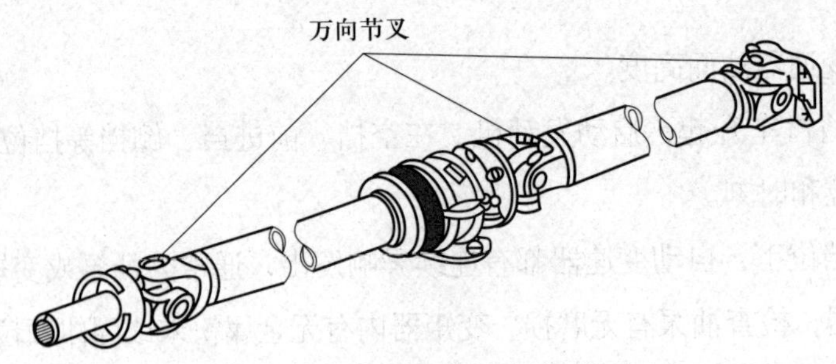

图 3–1–12　传动轴的万向节叉

2）检查万向传动装置各连接处的螺栓是否松动。

3）若连接状况良好，则拉紧驻车制动器，用手握住传动轴轴管来回转动。若阻力较大，则检查十字轴是否装配过紧或缺油。若转动松旷，则检查轴承是否缺油或磨损过度而损坏，伸缩节花键齿与槽是否磨损过大。

4）检查中间支承与中间传动轴轴径的配合；检查中间支架的安装是否欠妥，从而导致中间支承位置偏斜；检查轴承盖螺栓松紧度是否合适。

5）若上述检查过后，异响仍然存在，则拆下传动轴，检查传动轴是否弯曲变形，如图 3–1–13 所示。

6）若加 / 减速或转弯时驱动桥半轴出现异响，应分别拆检内 / 外侧等速万向节，检查是否磨损过度或损坏。

2. 传动轴发抖或驱动桥半轴振动故障

（1）故障现象

1）当汽车行驶达到一定速度时，车身会出现严重抖动，车门、转向盘等也会强烈振响。

2）当汽车加速或高速行驶时，驱动桥半轴振动，严重时车身也会出现振响。

（2）故障原因

1）传动轴装配错误，两端万向节叉不在同一平面内。

2）传动轴弯曲变形。

3）传动轴轴管凹陷或平衡块脱落。

4）中间支承或支架橡胶垫圈、隔套磨损

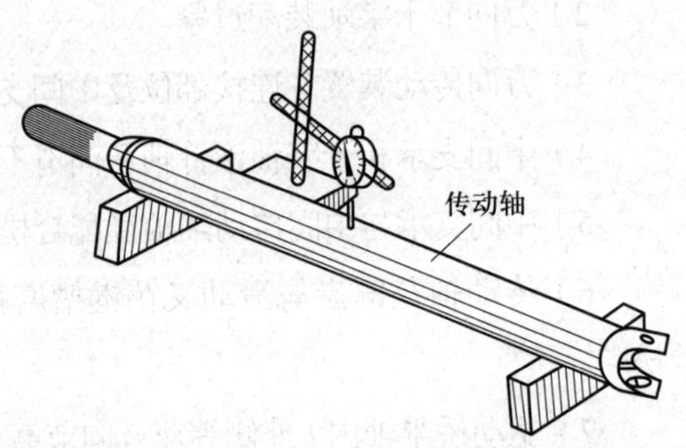

图 3–1–13　检查传动轴是否弯曲变形

松旷。

5）十字轴滚针轴承磨损松旷或破裂。

6）伸缩节花键齿与花键槽因磨损而配合松旷。

7）驱动桥半轴内侧等速万向节磨损松旷。

（3）故障诊断

1）检查装配标记是否对正，以确定传动轴两端万向节叉是否在同一平面内。

2）检查传动轴轴管是否凹陷，平衡块是否脱落。

3）拉紧驻车制动器，用手握住传动轴轴管来回转动，若有晃动感，则检查各连接螺栓是否松动。

4）检查传动轴花键配合是否松旷。

5）若以上检查均完好，则拆下传动轴，检查其是否弯曲变形。

6）检查十字轴轴径与滚针轴承是否磨损松旷、滚针破裂，如图 3–1–14 所示。

7）若汽车行驶时呈现连续振响，应在发动机熄火后，用手握住中间传动轴径向晃动，检查中间支架固定螺栓是否松动，轴承是否磨损松旷，橡胶垫圈、隔套径向间隙是否过大。

8）若以上检查均完好，则拆下中间传动轴，检查其是否弯曲变形。

9）检查驱动桥半轴内侧等速万向节，查看滚道表面和钢球是否过度磨损或卡滞。

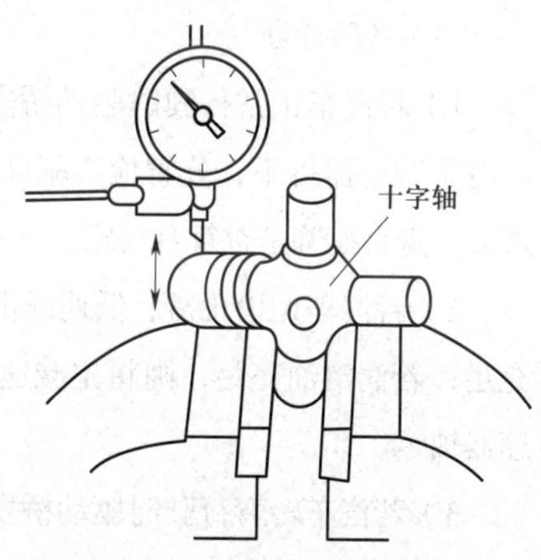

图 3–1–14　检查十字轴轴径与滚针轴承

四、驱动桥的常见故障

驱动桥的作用是将万向传动装置传来的扭矩改变方向后传递给驱动轮，并起到降速增扭的作用，同时允许左右驱动轮以不同转速旋转。驱动桥的设计和结构直接影响汽车的承载能力、行驶稳定性和乘坐舒适性。

驱动桥的常见故障有驱动桥异响、驱动桥过热和驱动桥漏油等。

1. 驱动桥异响故障

（1）故障现象

1）汽车正常行驶时驱动桥发出较大响声，而当滑行或低速行驶时响声减弱或消失。

2）汽车无论正常、低速或滑行行驶时，驱动桥均发出较大响声。

3）汽车转弯行驶时驱动桥发出较大响声，但直线行驶时响声明显减弱或消失。

4）汽车上、下坡时驱动桥均发出较大响声。

（2）故障原因

造成驱动桥异响的根本原因是驱动桥的传动部件磨损松旷、调整不当或润滑不良，具体包括：

1）主减速器主动齿轮、从动齿轮、行星齿轮和半轴齿轮等，啮合间隙过大或过小。

2）半轴齿轮与半轴花键、差速器壳与十字轴、行星齿轮孔与十字轴配合松旷。

3）主动齿轮、从动齿轮的啮合印痕不符合要求。

4）主动齿轮、从动齿轮、行星齿轮和半轴齿轮的齿面磨损严重，轮齿断裂、变形或未成对更换。

5）润滑油油量不足、变质或牌号不符合要求。

6）圆锥滚子轴承预紧度调整不当。

7）驱动桥壳体、主动齿轮紧固螺母或从动齿轮连接螺栓松动。

（3）故障诊断

1）若汽车正常行驶时驱动桥发出较大响声，而当滑行或低速行驶时响声减弱或消失，则将主减速器拆下，分解检查驱动桥主、从动锥齿轮的轮齿是否损伤断裂，啮合间隙是否过大，啮合痕迹是否符合要求。

2）若汽车无论正常、低速或滑行行驶时，驱动桥均发出较大响声，则检查润滑油是否充足；若润滑油充足，则将主减速器和差速器拆下，检查主、从动锥齿轮的啮合间隙和差速器轴承。

3）若汽车转弯行驶时驱动桥发出较大响声，但直线行驶时响声明显减弱或消失，则检查差速器两端轴承是否松旷；若不松旷，应将差速器拆下，分解检查行星齿轮、半轴齿轮、行星齿轮轴是否磨损松旷或行星齿轮啮合不良。

4）若汽车在上、下坡时驱动桥均发出较大响声，则将主减速器拆下，检查主、从动锥齿轮的啮合间隙和啮合印痕是否恰当。

2. 驱动桥过热故障

（1）故障现象

汽车行驶一定里程后，用手轻触驱动桥壳，有无法忍受的烫手感觉。

（2）故障原因

引起驱动桥过热的根本原因是驱动桥工作时摩擦阻力过大，具体包括：

1）圆锥滚子轴承预紧度调整过大。

2）润滑油油量不足、变质或牌号不符合要求。

3）主减速器、差速器各齿轮的啮合间隙太小。

4）止推垫片与主减速器背面间隙太小。

（3）故障诊断

1）检查驱动桥壳内润滑油油量及品质是否符合规定。

2）若润滑油油量及品质符合规定，则拆下主减速器，检查主、从动锥齿轮的啮合间隙是否正常。

3）用手触碰驱动桥各轴承部位，若有烫手感，说明轴承装配太紧，应重新调整。

3. 驱动桥漏油故障

（1）故障现象

驱动桥加油螺塞、放油螺塞、油封或各结合面衬垫处有明显漏油痕迹。

（2）故障原因

1）油封安装位置不正确，装反或油封本身磨损、硬化、破裂。

2）接合面加工粗糙或变形。

3）接合面密封垫片太薄、硬化或损坏。

4）接合面紧固螺栓松动。

5）通气孔堵塞或加 / 放油螺塞松动。

6）驱动桥壳有铸造缺陷或裂纹。

（3）故障诊断

1）清洁驱动桥与主减速器壳体外表面，检查是否有裂纹。

2）检查驱动桥桥壳通气孔是否堵塞。

3）检查放油螺塞是否松动或滑扣。

4）检查驱动桥内润滑油油量和品质。

5）检查主减速器主动锥齿轮轴或驱动桥主动轴伸出部位是否漏油。

6）若半轴油封处漏油，则检查油封是否损坏或安装歪斜。

7）若接合面漏油，则检查连接螺栓或螺母是否松动，衬垫是否损坏，接合面是否平顺。

任务❷ 行驶系故障诊断

学习目标

1. 掌握汽车底盘行驶系的常见故障及其故障现象、原因和诊断方法。

2. 能够与小组成员合作制定汽车底盘行驶系的故障诊断方案，并共同完成故障诊断工作。

汽车底盘行驶系主要由车架、车桥、车轮以及悬架等构成，如图 3–2–1 所示。其核心功能在于接收传动系传递的动力，通过驱动轮与路面的相互作用产生牵引力，确保汽车的正常运行；同时承担汽车的全部重量及地面的反作用力，缓解不平坦路面给车身带来的冲击，降低行驶过程中的振动，维持行驶的稳定性，并与转向系统协同工作，确保汽车的操控稳定性。

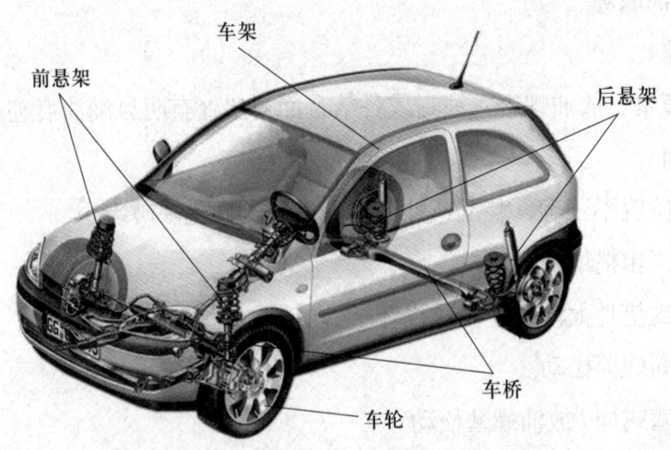

图 3–2–1　汽车底盘行驶系

汽车底盘行驶系的常见故障主要由车轮和悬架所引起，这主要是因为这两个部分承受着车辆行驶过程中的大部分冲击和负荷。其常见故障表现为车辆振动、行驶跑偏、轮胎异常磨损、行驶不平顺、车身横向倾斜和行驶无力等。这些故障现象同时也可能是由发动机故障、传动系故障、转向系故障或制动系故障所引起，因此故障原因较为复杂。本任务主要介绍因行驶系故障而导致的车辆问题。汽车故障检修人员在实际针对这些故障现象进行诊断时，除针对行驶系进行检查外，还应整体按照由简到繁、由外到内的顺序进行逐一排查。

一、车辆振动故障诊断

1. 故障现象

汽车在平坦路面上行驶时，车身有明显颠簸或摆动，转向盘微微发颤。

2. 故障原因

（1）车轮不平衡。如左、右前轮轮胎气压不均衡、轮胎磨损程度不同、轮毂变形或动平衡不良等。

（2）驱动轮定位不准。

（3）减振器油液泄漏或内部存在故障。

（4）转向系连接部出现松动或损坏。

（5）悬架与车身连接部出现松动，或悬架工作不良。

3. 故障诊断

（1）检查左、右两侧轮胎气压，同时观察轮胎是否严重磨损，或轮毂是否明显变形。

（2）检查转向系连接件及固定件是否松旷、磨损或损坏。

（3）检查减振器是否有油液泄漏，若无泄漏，则检查减振器性能。

（4）检查悬架与车身的连接部分是否松动，或悬架工作不良。

（5）检查驱动轮定位是否准确。

（6）检查车轮动平衡。

二、行驶跑偏故障诊断

1. 故障现象

汽车在行驶过程中，始终向一侧自动跑偏，需不断修正才能正常行驶。

2. 故障原因

（1）左、右前轮轮胎气压不均衡、型号大小不一、轮胎磨损程度不同等。

（2）左、右前轮轮毂轴承松紧度不一致。

（3）前后桥两侧车轮有单边制动或单边拖滞现象。

（4）车轮定位失准。

（5）左、右悬架刚度不一。

（6）前梁或车架变形。

（7）左、右车轮轴距差超过规定值，推力角过大。

（8）转向节弯曲变形。

3. 故障诊断

（1）检查左、右前轮轮胎磨损情况、新旧程度、外径尺寸以及气压等是否一致。

（2）若左、右车轮气压、轮径等差异不大，则用手触摸跑偏一侧的制动鼓（盘）和轮毂轴承，若过热，则调整制动间隙或轮毂轴承。

（3）若制动鼓（盘）和轮毂轴承温度正常，则检查汽车两侧车轮的轴距是否相等，推力角是否为零。若轴距不等，推力角过大，说明前、后桥或车架在水平平面内有弯曲变形或悬架杆件、转向节有变形。

（4）若轴距相等，则在规定条件下检查车身两侧参考点的高度值，若高度值不同，说明两侧悬架弹簧的弹性不一致或一侧悬架杆件有变形。

（5）若以上均正常，则故障可能是由两前轮的前束值、外倾角、主销后倾角、主销内倾角等不同所引起。通常汽车会向前束值较小、外倾角较大、主销后倾角较小的前轮一侧跑偏。

三、轮胎异常磨损故障诊断

1. 故障现象

轮胎磨损速度过快，胎面形状出现异常，如图 3-2-2 所示。

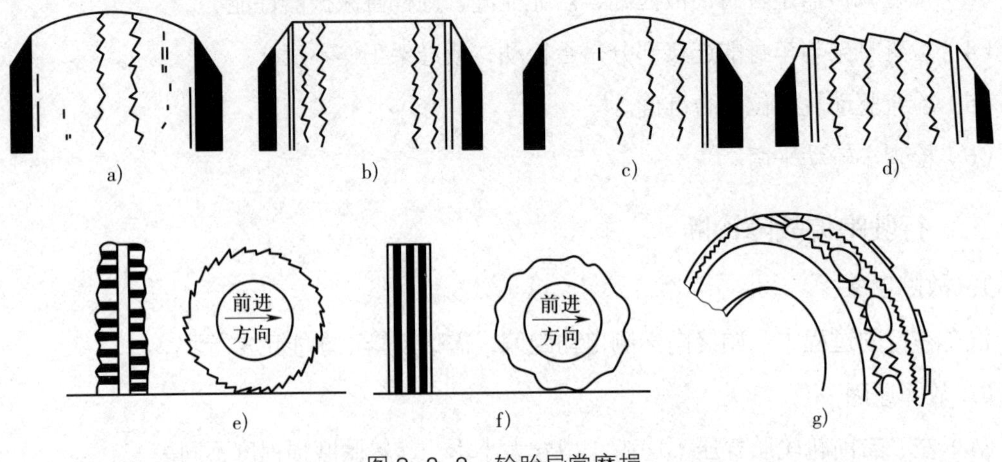

图 3-2-2　轮胎异常磨损

2. 故障原因

（1）轮胎气压不符合要求。

（2）轮胎长期未换位。

（3）轮胎定位不正确，尤其是前轮前束值和前轮外倾角匹配不正确。

（4）轮胎端面圆和径向圆跳动量超出规定值以及车轮存在动态不平衡现象。

（5）轮胎轮毂轴承松旷或转向节与主销松旷。

（6）前梁、车架变形或前悬架杆件及转向节变形。

3. 故障诊断

（1）查看轮胎胎面，若发现胎冠中部快速磨损，则为轮胎气压过高所致。轮胎气压过高将增加单位接地面积的负荷，会加速胎冠中部的磨损。

（2）若发现胎冠两肩磨损过快，则为轮胎气压过低所致。轮胎气压不足会导致胎冠与地面接触的痕迹变宽，同时，由于胎冠中部略微向内凹陷，会导致胎冠两侧承受更多压力，从而加速胎冠两肩的磨损。

（3）若轮胎的外侧或内侧出现过度磨损现象，则表明前轮的外倾角存在异常。若胎冠外侧出现偏磨损，则表明车轮外倾角过大；若胎冠内侧出现偏磨损，则表明车轮外倾角过小或负外倾。

（4）若轮胎胎冠出现羽毛状磨损，则说明前轮前束值设置不正确。若左、右前轮胎冠的羽毛状磨损尖端均指向车辆纵向中心线，则表明前束值过大；反之，若磨损尖端偏离车辆纵向中心线，则说明前轮前束值为负。

（5）若轮胎胎面局部出现磨光的斑点（俗称秃点），则表明前轮存在动态不平衡现象。前轮动态不平衡将导致轮胎产生定向磨损，并最终形成斑点磨损。在这种情况下，应着重检查前轮的平衡状况。

（6）若轮胎胎冠一侧出现扇形磨损现象，则表明轮胎长期未进行换位，或悬挂系统设置不当。

（7）若一侧轮胎磨损较小，另一侧轮胎磨损严重，则说明磨损严重一侧轮胎的悬架系统及转向节变形，从而造成单侧轮胎定位失准及车轮负荷过大，导致车轮磨损严重。此时应重点检查磨损严重轮胎的车轮定位、轮毂轴承间隙、车轮平衡、轮辋及悬架的变形情况，找出车轮磨损严重的原因。

（8）支起前桥，面向轮胎侧面，用手横向反复推、拉轮胎顶部，并用撬棒上下撬动前轮，以检查转向球销、主销、轮毂轴承的松旷情况。若这些部件松旷，会改变前轮前束值和外倾角大小，从而引起轮胎异常磨损。

（9）支起前桥，转动前轮，检查轮辋与轮胎的端面圆和径向圆跳动量。若跳动量过大，则会造成前轮振摆，从而导致前轮异常磨损。

（10）若上述检查均正常，则可能是前梁、车架变形或前悬架杆件及转向节变形引起前轮定位参数变化，导致前轮异常磨损。

四、行驶不平顺故障诊断

1. 故障现象

汽车行驶时出现振动，加速时出现窜动，驾乘人员感觉很不舒服。

2. 故障原因

（1）前稳定杆卡座松旷或橡胶支承损坏。

（2）车轮存在动态失衡现象。

（3）减振器或缓冲块失效。

（4）传动轴不平衡。

（5）减振弹簧连接松旷。

（6）车轮轴承松旷或转向横拉杆球头松旷。

（7）发动机横梁和下摆臂固定螺栓或衬套松旷。

（8）半轴内 / 外等速万向节磨损松旷。

（9）轮胎气压过高或磨损不均匀。

3. 故障诊断

（1）检查轮胎情况，如气压、磨损、动平衡等，若不符合标准，则对轮胎进行调整。

（2）检查轮毂跳动是否过大，测量轮毂轴向圆跳动，必要时更换轮毂。

（3）检查制动鼓或制动盘是否失衡。

（4）检查转向横拉杆球头是否磨损。

（5）检查下球节是否磨损。

（6）检查车轮跳动情况。测量车轮轴向圆跳动，如轴向圆跳动过大，应更换车轮。

（7）检查在承载条件下轮胎和车轮总成的径向圆跳动，如径向圆跳动过大，应重新配装轮胎和车轮总成。

五、车身横向倾斜故障诊断

1. 故障现象

汽车车身出现倾斜，左右高低不平。

2. 故障原因

（1）左、右车轮气压、规格或磨损不一致。

（2）悬架弹簧自由长度或刚度不一致。

（3）下摆臂变形。

（4）发动机横梁和下摆臂的固定螺栓或衬套松旷。

（5）减振器或缓冲块损坏。

（6）发动机横梁变形。

（7）车身变形。

3. 故障诊断

（1）检查左、右车轮气压是否符合标准。

（2）检查左、右车轮规格及磨损程度是否一致。

（3）检查左、右车轮的制动器是否分离，若分离不彻底，应进行调整。

（4）检查横向稳定杆、减振器及弹簧的工作情况，若横向稳定器工作不良、减振器失效、弹簧弹性衰减或折断，应修复或更换。

（5）检查车身底部或车架是否变形。

六、行驶无力故障诊断

1. 故障现象

汽车在行驶过程中，加速不良、爬坡无力，即便加速踏板完全踩下，驱动力也不足。

2. 故障原因

（1）轮胎漏气，导致气压严重不足。

（2）轮毂轴承过紧，导致运动阻力过大。

（3）前轮定位不准。

3. 故障诊断

（1）检查左、右轮胎气压是否符合标准。

（2）检查轮毂轴承配合是否符合要求。

（3）检查前轮定位是否准确。

七、电控悬架故障诊断

汽车电控悬架能根据行驶需要对悬架刚度、阻尼和车身高度等进行自动调节，提高车辆的行驶平顺性和操纵稳定性。下面以迈腾电子控制空气悬架为例介绍电控悬架的故障诊断。

1. 故障现象

（1）驾乘人员感觉底盘变硬，乘坐舒适感下降。

（2）车身高度无法调节。

（3）仪表盘出现报警提示。

（4）汽车操控性下降。

（5）系统响应迟钝。

（6）有异常噪声或振动产生。

2. 故障原因

（1）电控悬架控制 ECU 故障。

（2）电控悬架控制器损坏。

（3）电控悬架主继电器损坏。

（4）电控悬架熔断器烧毁。

（5）电控悬架高度传感器损坏。

（6）电控悬架控制 ECU 与高度传感器之间的线束和插接头开路或短路。

（7）电控悬架控制 ECU 与主继电器之间的线束和插接头开路或短路。

（8）电控悬架系统的机械部分存在问题，如减振器、弹簧或其他关键部件等。

3. 故障诊断

（1）电控悬架系统通常与车辆的电子控制单元（ECU）相连接。在发生故障的情况下，系统状态指示灯会被激活。通过检查指示灯是否点亮，可以初步判定电控悬架系统是否出现故障。

（2）使用汽车故障诊断仪器，读取车辆故障码和数据流，根据故障码准确定位故障部位，然后再做进一步检测。

（3）线路检查。对于线路故障，需要检查并修复破损或接触不良的线路。在修复过程中，应注意线路的连接方式和绝缘处理，以免出现短路或断路问题。

（4）调整系统参数。在某些情况下，电控悬架系统的故障可能是由系统参数设置不当所引起。因此，需要使用专业的诊断仪器对系统参数进行调整，以恢复系统的正常工作状态。

（5）机械故障。若电控悬架的机械部分存在故障，其检测方法与传统机械悬架的检测方法一样。

任务❸ 转向系故障诊断

学习目标

1. 掌握汽车底盘转向系的常见故障及其故障现象、原因和诊断方法。

2. 能够与小组成员合作制定汽车底盘转向系的故障诊断方案，并共同完成故障诊断工作。

汽车底盘转向系的作用是改变和保持汽车的行驶方向，其主要由转向操纵机构、转向器和转向传动机构三大部分组成。早期汽车的转向是没有任何助力装置的，完全靠驾驶员的体力作为转向动力源，因此也被称为机械转向系，其在低速转弯或停车入库时，转向盘常常显得异常沉重。随着技术的进步，同时也为减轻驾驶员负担和出于驾驶安全等方面的考虑，人们先后发明了液压助力转向系（HPS）和电子助力转向系（EPS），并逐渐成为主流。

一、机械转向系的常见故障

机械转向系如图 3-3-1 所示，其常见故障主要有转向沉重、转向轮摆动等。

1. 转向沉重故障

（1）故障现象

1）汽车在行驶过程中，转向盘转动沉重费力，且无回正感。

2）汽车低速转弯行驶或掉头时，转向盘转动沉重费力，甚至无法转动。

（2）故障原因

1）胎压不足。轮胎气压不足会导致车辆与地面的摩擦面积增大，从而增大摩擦力，造成转向沉重。

2）前轮轮毂轴承过紧。

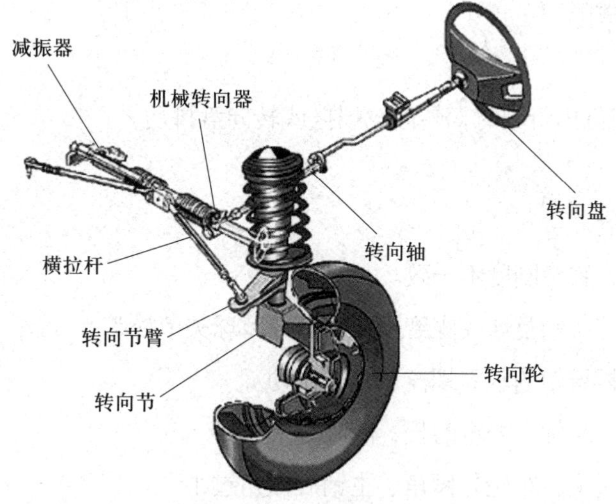

图 3-3-1 机械转向系

3）前轮定位失准，主销后倾角过大，主销内倾角过大，前束值调整不当。

4）转向螺杆两端轴承过紧或轴承损坏。

5）转向器、转向节销、轴承衬套部位缺油或过紧。

6）转向器啮合间隙过小。

7）转向器缺油或油质变差。

8）横、直拉杆球头销及球头座缺油或过紧。

9）转向轴变形、卡滞。

10）转向节止推轴承缺油、损坏或过紧。

（3）故障诊断

1）支起前桥，使前轮悬空。转动转向盘，若感到转向轻便，则故障在前轮、前桥或前悬架。此时应检查前轮气压是否过低，前轮定位是否符合要求，前轮轮毂轴承是否过紧，前悬架杆件是否变形，必要时检查前轮定位中的主销后倾角、主销内倾角与前轮前束值。

2）支起前桥，转动转向盘，若感到沉重，则故障在转向器和转向传动机构。此时，从转向摇臂上拆下转向横拉杆，转动转向盘，若感到轻便灵活，则故障在横拉杆至前轮的连接及支撑部位，应检查每个球头销是否装配过紧或推力轴承缺油、损坏。

3）若拆下横拉杆，转向仍沉重，则故障在转向器。此时，应检查转向器是否缺油或转向轴是否弯曲。调整转向器齿条顶块，使转向齿条与转向齿具有合适的间隙，再转动转向盘，若轻便灵活，说明是转向器调整不当；若转向仍沉重，则拆下转向器进行检查，重点查看转向器齿轮与齿条是否损坏，转向器齿条是否弯曲变形，转向器齿轮轴轴承是否卡滞或损坏，转向器壳体是否严重变形。

2. 转向轮摆动故障

（1）故障现象

汽车在某速度范围内行驶时，转向轮摇摆或转向盘抖动。

（2）故障原因

1）前轮轮胎失衡。

2）减振器失效，弹簧刚度不一致。

3）横、直拉杆球头销及球头座磨损，从而导致球关节松旷。

4）转向摇臂与摇臂轴的紧固螺栓、螺母松动。

5）转向器蜗杆两端轴承严重磨损，间隙过大。

6）前轮前束值过大，车轮外倾角、主销后倾角过小。

7）前轮轮毂轴承磨损松旷、固定螺母松动。

8）前轮轮毂变形。

（3）故障诊断

1）转动转向盘，若转向盘转动了一定角度，而转向摇臂并不转动，则故障在转向器；若转向摇臂转动了一定角度而前轮并不偏转，则故障在转向传动机构。

2）若故障在转向器，应拆下转向器，检查螺杆与指销（螺母齿条与齿扇）啮合间隙是否过大。

3）若故障在转向传动机构，应将横、直拉杆拆下，检查横、直拉杆球头销和球头座是否磨损严重，弹簧是否断裂，螺塞是否过松。

4）若转向盘自由转动量符合要求，则使前轮悬空，用橇棒往上撬动轮胎。若有松旷量，则为前轮轮毂轴承松旷或转向节主销与衬套间隙过大。

5）若前轮无松旷量，应检查前轮前束是否符合要求。

6）若前轮前束符合要求，应检查弹簧螺栓、转向器固定螺栓是否松动。

7）若上述检查均正常，应检查减振器螺旋弹簧刚度和减振器是否失效。

8）若仍存在振摆现象，则应对转向轮进行动平衡检测。

9）若经上述检查调整后仍无效，应卸下前轴和车架，检查是否弯曲变形。

二、液压助力转向系的常见故障

液压助力转向系如图 3–3–2 所示，是在机械转向系的基础上，增加了转向控制阀、油泵、油罐、油管、转向动力缸等一整套液压助力装置。当汽车转向时，由发动机驱动的转向油泵产生高压油，高压油在控制阀的作用下，进入转向动力缸推动转向轮偏转，这样作用在转向盘上的力就不需要很大。

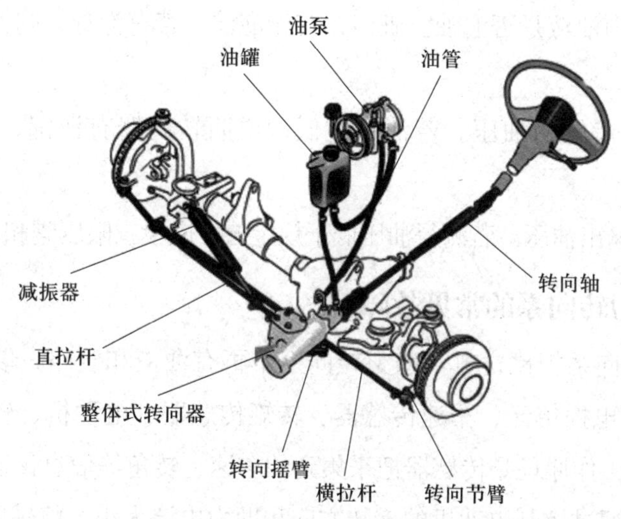

图 3–3–2 液压助力转向系

在液压助力转向系的故障诊断过程中，在排除了机械机构的故障原因后，应主要对液力系统进行检查。下面以液压助力转向系工作不良故障为例，讲述液压助力转向系的故障诊断。

1. 故障现象

（1）发动机在各种转速下运行，转向盘均无转向助力感。

（2）转向沉重。

（3）左、右转向力大小不等。

（4）转向时有噪声。

2. 故障原因

（1）安全阀漏油、弹簧过软或调整不当。

（2）液压系统中有空气进入。

（3）滤清器堵塞、供油管路接头松动。

（4）油罐内油量变少或油质变差。

（5）油泵传动带松弛、打滑。

（6）油泵内机件磨损。

（7）油泵故障。

3. 故障诊断

（1）检查油泵传动带是否松弛。

（2）检查工作油温。使发动机怠速运转，左、右转动转向盘数次，检查液力系统工作油温是否达到标准值。

（3）检查油罐内油量是否充足。

（4）检查油罐内油液是否混浊、脏污，有无泡沫。若有泡沫，则检查各接头和集流管紧固螺钉是否松动。

（5）检查转向齿轮的油压。若油压过低，说明转向器有泄漏，应对转向器进行检修。

（6）检查油泵输出油压。若测得油压低于规定值，应检查限压阀和溢流阀。

三、电子助力转向系的常见故障

与液压助力转向系相比，电子助力转向系不再有油液和管路，取而代之的是电控设备和线路，主要有电控单元、车速传感器、转矩传感器、电动机、转向角传感器等，如图 3–3–3 所示。其工作原理是传感器把采集到的车速、转角等信息传递给 ECU，ECU 把指令传递给电动机，通过控制电动机的旋转方向和助力电流大小，将辅助动力施加到转向系统中。

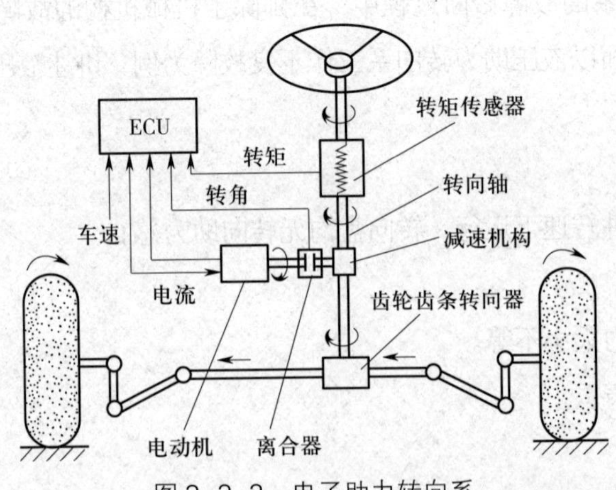

图 3–3–3　电子助力转向系

同样，在电子助力转向系的故障诊断过程中，在排除了机械机构的故障原因后，应主要对电子系统进行检查。其主要是借助汽车故障诊断仪，按照电子控制系统检测诊断方法进行诊断。

1. 故障现象

（1）车辆转向助力失效，转向沉重。

（2）转向系统故障指示灯点亮。

2. 故障原因

（1）转向角传感器故障。

（2）电动机故障。

（3）控制模块故障。

（4）相关线束、熔断器、继电器损坏。

3. 故障诊断

（1）连接汽车故障诊断仪，读取故障码，若有故障码，则根据故障码进行诊断。

（2）若汽车故障诊断仪无法与电子转向系统进行通信，则检查供电熔断器、继电器及相关线束。

（3）若供电、搭铁及 CAN 线束均正常，但仍无法建立通信，则说明控制模块损坏。

（4）使用汽车故障诊断仪读取转向角数据，若数据异常则说明转向角传感器故障。

（5）转动转向盘，检查助力转向电动机供电，若供电正常，则为电动机故障；若供电异常，则检查供电继电器、熔断器及线束等。

4. 电子助力转向系故障诊断实例

一辆 2018 款迈腾 B8L 汽车，车主反映车辆起动后，仪表盘故障指示灯点亮（图 3-3-4），汽车在行驶过程中转向沉重，转向助力失效。

图 3-3-4 仪表故障指示灯点亮

（1）故障分析

1）首先确认是机械故障还是电子系统故障。经试车检查，检修人员确认了故障现象，并排除是机械故障的可能，由此判断是电子系统故障，具体故障原因还需做进一步检查。

2）电子系统故障的可能原因有：

①转向角传感器故障。

②电动机故障。

③控制模块故障。

④相关线束、熔断器、继电器损坏。

（2）故障诊断

1）使用道通 MS908S 汽车故障诊断仪与车辆控制单元建立通信，诊断仪读取到故障码“U013100”，指示为“助力转向控制单元，无通信”，如图 3-3-5 所示。

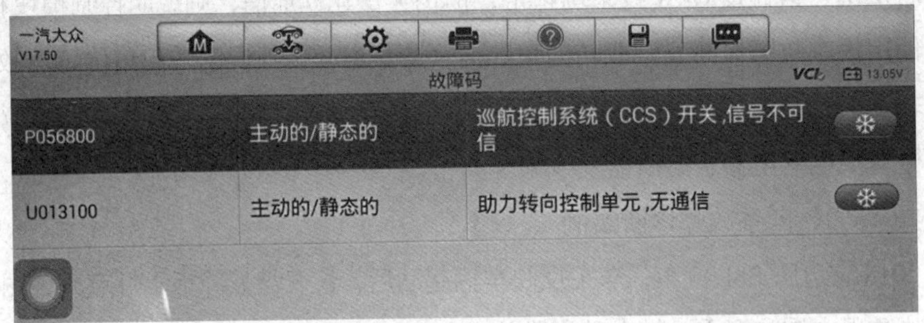

图 3-3-5　读取故障码

2）根据故障码，对 J500 控制单元作进一步检查。使用万用表测量熔断器 SA3 的底座供电情况。经多次测量发现，SA3 虽能正常供电，但电压不稳，其在正常情况下，供电电压应为 12 V 左右，但测量时发现其电压有时正常，有时变为 2.6 V 左右，如图 3-3-6 所示。检查前舱熔断器 SA3，发现熔断器烧蚀。更换熔断器后，故障排除。

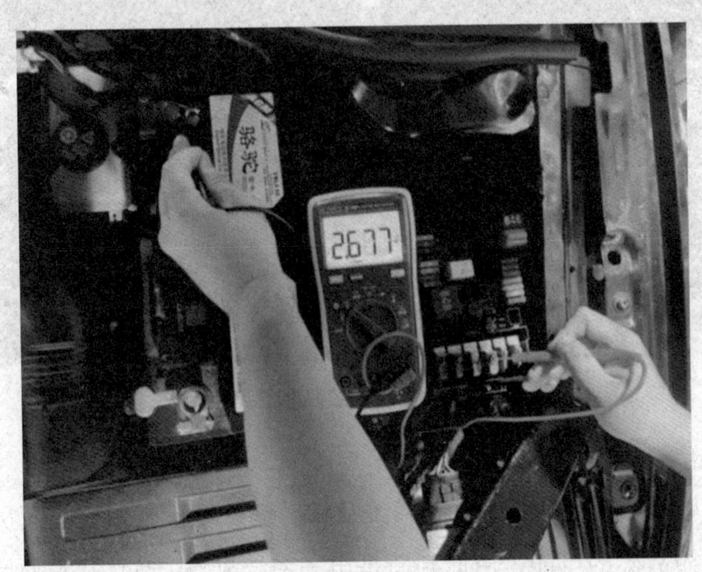

图 3-3-6　测量熔断器 SA3 的供电电压

任务4 制动系故障诊断

学习目标

1. 了解汽车底盘制动系的主要类型。

2. 掌握汽车底盘制动系的常见故障及其故障现象、原因和诊断方法。

3. 能够与小组成员合作制定汽车底盘制动系的故障诊断方案，并共同完成故障诊断工作。

汽车底盘制动系是汽车安全行驶的重要组成部分，其作用是使行驶中的汽车按照驾驶员的要求进行强制减速甚至停车；使已停驶的汽车在各种道路条件下稳定驻车；使下坡行驶的汽车保持速度稳定。

一、制动系的分类

汽车底盘制动系一般至少有两套独立的制动系统，分别是行车制动系和驻车制动系。其中，行车制动系按照制动方式的不同又可分为液压制动和气压制动。

液压制动是利用液体不可压缩的特性，通过制动主缸将压力传递到各个车轮的制动器，从而实现制动效果。这种制动方式反应灵敏，制动效果好，广泛应用于各类汽车中。

气压制动则主要应用于重型车辆，如卡车和公交车等。它利用压缩空气作为动力源，通过气压推动制动缸，实现制动。气压制动方式具有良好的稳定性和耐久性，但反应速度相对较慢。

驻车制动又称手刹，主要用于停车时保持车辆静止。它通过机械拉索或拉杆连接到后轮制动器，驾驶员通过拉动手刹杆来激活制动。驻车制动在紧急情况下也可以作为辅助制动使用，但其制动效果和反应速度不如液压制动和气压制动。

除了这三种主要类型，现代汽车还采用了一些先进的制动技术，如防抱死制动系统（ABS）。防抱死制动系统是通过传感器和控制单元防止车轮在制动时抱死，从而保持车辆的操控性和稳定性，提高制动效果和安全性。

二、液压制动系的常见故障

液压制动系如图 3–4–1 所示，其主要由制动踏板、推杆、制动主缸（也称制动总泵）、油管、制动轮缸（也称制动分泵）以及储液罐、车轮制动器等组成。其常见故障有制动失效、制动不良、制动跑偏及制动拖滞等。

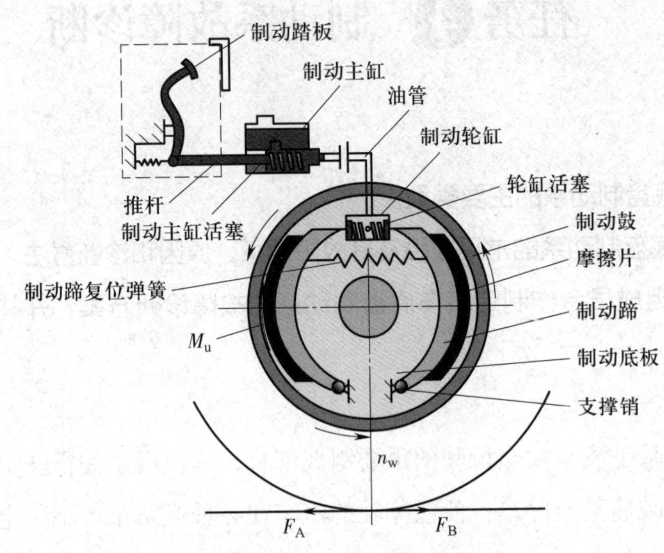

图 3-4-1　液压制动系的组成

1. 制动失效故障

（1）故障现象

汽车在行驶过程中，驾驶员连续踩下制动踏板，汽车始终不能减速或停车。

（2）故障原因

1）制动液严重不足。

2）制动主缸皮碗或制动轮缸皮碗损坏。

3）紧急制动时制动皮碗被踏翻。

4）主缸活塞与缸壁、轮缸活塞与缸壁的过度磨损或松动导致漏油，以及活塞复位弹簧的软化或断裂。

5）制动管路破裂或接头严重泄漏。

6）制动踏板至主缸的连接部位脱落。

（3）故障诊断

1）踩下制动踏板，若无连接感，说明制动踏板至制动主缸的连接松脱。

2）踩下制动踏板，若感到踏板轻盈无力，则应立即检查主缸储液室内的制动液是否充足。若主缸储液室无液或严重缺液，应添加制动液至规定位置。再次踩下制动踏板，若仍感无力，则应检查制动主缸至制动轮缸的制动管路有无破裂漏油。

3）踩下制动踏板，若感到踏板有一定的阻力，但踏板位置保持不住，明显下沉，则应检查制动主缸的推杆防尘套是否有制动液泄漏。若有制动液泄漏，说明制动主缸皮碗破裂；若车轮制动鼓（盘）边缘有大量制动液，则检查制动轮缸皮碗是否压翻或磨损严重。

2. 制动不良故障

（1）故障现象

1）在汽车行驶过程中，将制动踏板踩到底，汽车不能立即减速或停车，制动距离过长。

2）第一脚踩下制动踏板，制动不灵，连续踩下制动踏板，制动力逐渐提升，但仍感不足。

（2）故障原因

1）制动液不足。

2）制动踏板自由行程过大。

3）制动管路和轮缸内有空气进入。

4）制动管路堵塞或渗漏。

5）制动主缸、制动轮缸皮碗磨损变形，活塞与缸壁磨损过度。

6）制动主缸出油阀损坏，补偿孔、通气孔堵塞。

7）车轮制动器磨损严重，制动间隙过大或摩擦片有油污，铆钉外露。

8）制动鼓（盘）磨损过度或制动时变形严重。

9）增压器、助力器效能不佳或失效。

（3）故障诊断

1）连续踩下制动踏板，若制动踏板能被踩到底但返回无力，则检查制动主缸是否缺少制动液。

2）若主缸不缺制动液，则检查管路和接头是否堵塞。

3）若连续踩下制动踏板感觉踏板有弹性，说明液压制动系统有空气进入或制动液汽化。

4）踩一下制动踏板制动不灵，连续踩下制动踏板，踏板位置逐渐升高且效果良好，说明踏板自由行程过大或制动摩擦片与制动鼓（盘）间隙过大。

5）连续踩下制动踏板，踏板位置逐渐升高，但升高后不抬脚连续踩下，踏板无弹力感且下沉至很低位置，说明液压系统漏油，可能是制动主缸、轮缸、管路、管路接头漏油，或制动主缸、轮缸磨损严重，皮碗破裂损坏或密封不良。

6）当踩下制动踏板时，踏板高度合乎要求，也感到有力且不下沉，但制动效果不良，则为制动器故障。可能是摩擦片硬化、铆钉头外露、摩擦片油污、制动鼓（盘）磨损变形所致。若踏板高度合适，但踩下踏板时感到很硬，则故障可能是制动液太稠、管路内壁积垢太厚、油管凹瘪、软管内孔不通畅或增压器、助力器效能不佳。

3. 制动跑偏故障

（1）故障现象

1）汽车行驶制动时，行驶方向发生偏斜。

2）紧急制动时，方向急转或车辆甩尾。

（2）故障原因

1）左、右车轮的轮胎气压或磨损程度不一致。

2）左、右车轮的轮毂轴承松紧度不一致或个别轴承破损。

3）左、右车轮的制动摩擦片材料各异或新旧程度不一致。

4）左、右车轮的制动摩擦片与制动鼓（盘）的接触面积、位置不一致或制动间隙不等。

5）左、右车轮的轮缸技术状况不一致，造成作用时间或张力大小不等。

6）左、右车轮制动鼓（盘）的厚度、直径以及工作中的变形程度和工作面的粗糙程度不一致。

7）左、右悬架或车轴变形。

8）前轮定位失准或转向传动机构松旷。

（3）故障诊断

1）检查左、右车轮的轮胎气压和磨损程度；检查各减振器是否漏油或失效；检查悬架弹簧是否断裂或弹力一致。

2）支起车辆使车轮离地，用手转动和轴向推拉车轮。若一侧车轮有松旷或过紧感觉，应重新调整轴承的预紧度；若转动车轮有卡滞或异响，应检查车轮的轮毂轴承是否损坏。

3）对汽车进行路试。制动后，汽车向一侧跑偏，则说明跑偏一侧的车轮制动不良。

4）制动时，若出现忽左忽右的跑偏现象，则应检查前轮定位是否符合要求，若定位不准，应调整；检查转向传动机构是否松旷，若松旷，应紧固、调整或更换。

4. 制动拖滞故障

（1）故障现象

1）制动踏板很难踩下，踩下后感到高而硬。

2）汽车起步困难，行驶费力。

3）当松抬加速踏板并踏下离合器踏板时，车速明显降低。

4）汽车行驶一定里程后，用手触摸制动鼓（盘）感觉烫手。

（2）故障原因

1）制动踏板自由行程过小或无自由行程，制动踏板拉杆系统不能回位。

2）制动主缸、轮缸皮碗发胀、发黏或活塞移动不灵活。

3）制动活塞回位弹簧断裂或预紧力太小。

4）制动鼓（盘）严重变形、制动摩擦片与制动鼓（盘）间隙太小，制动蹄复位弹簧过软。

5）制动油管凹瘪、堵塞或制动液过脏、变质。

（3）故障诊断

1）将汽车支起，在未踩制动踏板的情况下，用手转动车轮。若车轮无法转动，说明该轮制动器拖滞。

2）若个别车轮制动器拖滞，首先旋松该轮制动轮缸的放气螺钉，若制动液急速喷出，随即车轮能旋转自如，说明该轮制动管路堵塞，轮缸未能回油。若修理后车轮仍转动困难，则拆下车轮，解体制动器进行检查。

3）若全部车轮制动器拖滞，则首先检查制动踏板的自由行程是否符合要求；然后检查制动踏板的回位情况，用力将制动踏板踩到底并迅速抬起，若踏板回位缓慢，说明制动踏板回位弹簧失效或踏板轴卡滞，应更换或修复。接下来检查制动主缸的工作情况，打开制动液储液室盖，由一人连续踩踏制动踏板，另一人观察制动主缸的回油情况。若不回油，说明制动主缸回油孔堵塞，应清洗、疏通；若回油缓慢，说明制动液过脏或变质，应更换。

三、气压制动系的常见故障

气压制动系主要由空气压缩机、储气筒、制动气室、制动阀、制动管路以及各类控制阀等构成。其常见故障与液压制动系相似，但由于结构上的差异，两者的故障成因和诊断方法会有所不同。

1. 制动失效故障

（1）故障现象

汽车行驶时，踩下制动踏板，汽车不能减速和停车。

（2）故障原因

1）储气筒内无压缩空气或气压不足。

2）空气压缩机失效。

3）制动踏板与制动拉臂脱落或自由行程过大。

4）制动阀进 / 排气间隙调整不当，导致进气阀打不开或排气阀关闭不严。

5）制动阀或制动气室膜片破裂、老化或平衡弹簧弹力不足。

6）制动管路漏气或堵塞。

（3）故障诊断

1）发动机运转一段时间后，查看气压表。若气压表指示为“0”或上升缓慢，应检查空气压缩机传动带是否过松，以及压缩机到储气筒之间是否漏气。若以上检查结果良好，应拆下空气压缩机进行检修。

2）若发动机运转一段时间后，储气筒内压力充足，打开储气筒放水开关，有压缩空气喷出，则应拆检储气筒至制动阀进气阀之间的管路，检查管路是否堵塞或进气阀无法打开。

3）若踩下制动踏板听到有漏气声，则检查管路、制动阀或制动气室是否漏气。若为制动阀漏气，应调整排气间隙或检修制动阀。

4）若踩下制动踏板，制动气室推杆移动正常，也无漏气声，但仍无制动效果，则检修车轮制动器。

2. 制动不良故障

（1）故障现象

行驶过程中踩下制动踏板，汽车不能立即减速和停车，制动距离过长。

（2）故障原因

1）储气筒内压缩空气压力不足或空气压缩机工作不良。

2）制动踏板自由行程太大。

3）制动阀调整不当。

4）制动阀或制动气室膜片破裂、老化引起漏气。

5）制动管路漏气、堵塞、凹瘪，或制动软管老化发胀、通气不畅。

6）制动器摩擦片与制动鼓（盘）之间间隙过大。

7）制动器摩擦片表面有脏污、硬化或磨损严重，铆钉外露。

8）制动鼓（盘）磨损失圆、有沟槽或鼓壁过薄。

9）制动凸轮轴或制动蹄轴润滑不良、锈蚀、卡滞。

（3）故障诊断

1）发动机运转一定时间后，查看压力表。若气压不足，停机后气压也无明显下降，表明无漏气现象，应检查空气压缩机传动带是否过松或检修空气压缩机。

2）若储气筒气压上升正常，但发动机熄火后，气压直线下降，则为空气压缩机至制动阀进气阀之间的管路漏气，应进行检修。

3）若储气筒气压正常，发动机熄火后气压不下降，但踩下制动踏板有漏气声，则为制动阀到制动气室之间有漏气或膜片破裂，应检修制动阀、制动气室和制动管路。

4）若以上检查均正常，但制动效果仍不良，则应检查制动踏板自由行程和制动阀最大输出气压。若不符合要求，应进行调整；若符合要求，则对车轮制动器进行检修。

四、驻车制动装置的常见故障

驻车制动装置根据制动位置的不同可分为中央驻车制动和后轮驻车制动两种类型。中央驻车制动通常采用机械或电子方式，通过一根或多根钢索将制动力传递到四个车轮上，实现全车驻车制动。这种设计在一些紧凑型车辆中较为常见，因为它可以节省空间并简化结构。而传统的后轮驻车制动则主要通过后轮制动器进行制动，通常采用拉索或拉杆连接到驻车操纵杆，操作简单直观，如图 3-4-2 所示。

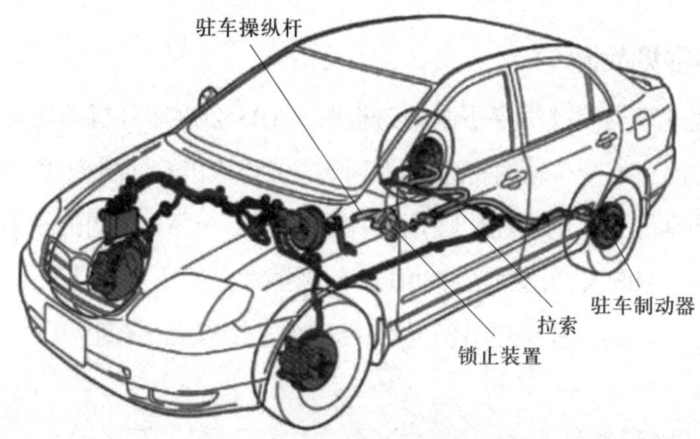

图 3-4-2 传统的后轮驻车制动系统

1. 故障现象

（1）在驻车制动器拉紧的情况下，汽车却能轻易起动。

（2）车辆停放在坡道上，拉紧驻车制动器，汽车出现溜车现象。

2. 故障原因

（1）驻车操纵杆自由行程过大。

（2）驻车操纵杆或拉索断裂、松脱、卡滞等。

（3）驻车制动器间隙过大。

（4）驻车制动器摩擦片磨损过度或有油污。

（5）驻车制动鼓磨损过度、失圆或有沟槽。

（6）驻车制动蹄运动卡滞。

（7）驻车制动蹄摩擦片与制动鼓（盘）的接触面积不足。

3. 故障诊断

（1）检查驻车制动器的自由行程。将操纵杆从放松位置向上提起，直至达到最大阻力点。在此过程中，若拉动距离过长，则表明自由行程过大，需进行调整。

（2）同时检查操纵杆阻力。在提起操纵杆的过程中，若没有感觉到阻力或阻力很小，说明拉杆或拉索断裂、松脱，应更换或修复；若感觉阻力很大，说明拉杆或拉索及制动器卡滞，应拆检修复。

（3）从检视孔检查中央驻车制动器或后轮制动器的间隙是否符合要求，若制动器间隙过大，应调整。

（4）若上述检查均正常，应拆检驻车制动器。检查制动摩擦片是否磨损过度或有油污；检查制动鼓是否磨损过度、失圆或有沟槽；检查制动蹄运动是否卡滞，若有卡滞现象，应修复或润滑；检查制动摩擦片与制动鼓的接触面积是否符合要求，若接触面积过小，应更换或调整。

五、ABS 的常见故障

ABS 的工作原理是当驾驶员踩下制动踏板时，ABS 会迅速分析车轮转速传感器传来的数据。如果系统检测到某个车轮的转速急剧下降，表明该车轮即将抱死，ABS 会立即介入，迅速降低该车轮制动分泵内的油压，使摩擦片与制动鼓（盘）之间的压力减小，从而恢复车轮的转动。随后，ABS 又会迅速增加油压，使摩擦片重新压紧制动鼓（盘）。这一过程在极短时间内反复进行，其主要通过 ABS 中的电磁阀，接收电子控制单元（ECU）的控制指令，实现控制操作。

1. ABS 的常见故障类型

ABS 的常见故障可以分为三类，即电路故障、机械故障和外界干扰。

（1）电路故障

1）连接导线松开、破损，或短路、断路。

2）电子控制器、传感器及电磁阀等故障。

（2）机械故障

1）传感器松动。

2）脉冲环脏污、与轮毂不同心或残损。

3）压力调节器故障。

（3）外界干扰

受外界磁场或电场的干扰。

2. 故障诊断

（1）检查 ABS 的外部连接情况，如线路连接、管路连接等。

（2）检查制动液是否正常。

（3）检查 ABS 故障指示灯是否点亮。

（4）用故障诊断仪读取汽车存储的故障码和数据流，根据故障码最终诊断出 ABS 的故障。

3. ABS 故障诊断实例

一辆 2018 款迈腾 B8L 轿车，车主反映汽车在行驶过程中 ABS 故障指示灯点亮，如图 3-4-3 所示。

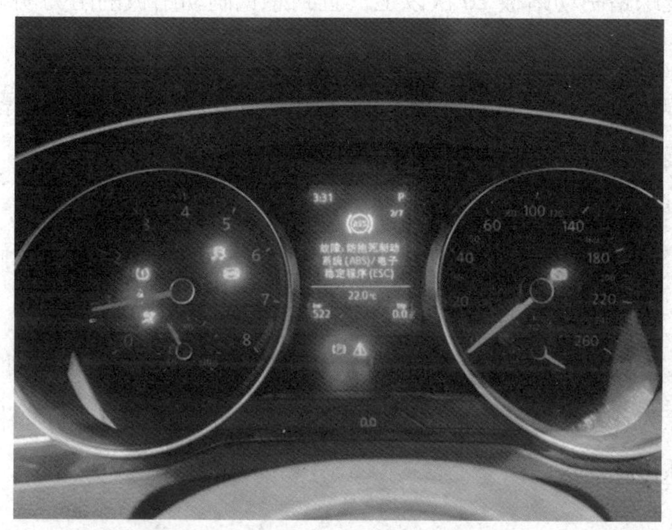

图 3-4-3 ABS 故障指示灯点亮

（1）故障分析

根据故障现象，分析 ABS 故障指示灯点亮的可能原因，主要有以下几方面：

1）ABS 车轮转速传感器故障。

2）ABS 控制单元故障。

3）ABS 线路连接出现问题。

4）ABS 相关继电器、熔断器或线束故障。

（2）诊断提示

ABS 有其自身特点，在检修过程中应注意以下几方面：

1）首先对容易出现故障和相对容易检查的部位进行查验，如观察 ABS 的外观，检查导线插接头、插接器等有无松脱，检查制动管路、泵以及阀等有无磨损泄漏，检查蓄电池是否亏电等，确定无异常后，再做系统检查，这样有助于迅速排除故障。

2）若伴随制动不良故障，应先区分是制动系机械部分（制动器、制动主缸、制动管路等）故障还是 ABS 电子控制系统故障。方法是拆下 ABS 继电器线束插接器或 ABS 制动压力调节器电磁阀线束插接器，使 ABS 制动压力调节器不能通电工作，让汽车以普通制动方式制动，如果制动不良故障消失，则说明是 ABS 电子控制系统故障。

3）ABS 电子控制系统故障原因多为线束插接器或插接头松脱、车轮转速传感器不良等。应先对这些部件和部位进行检查，而制动压力调节器等故障相对较少，ABS 的控制器（ECU）故障更少，所以一般情况下，不要轻易拆检 ABS 的 ECU 和制动压力调节器。此外，在检查线路故障时，注意不要漏检熔断器。

4）若需拆检 ABS 液压控制器，应先进行泄压，以免高压油喷溅伤人。卸压的方法是关闭点火开关，反复踩踏制动踏板 20 次以上，直到感觉制动踏板的阻力明显增加（无液压助力）为止。

通常在拆检以下部件时需进行泄压：制动压力调节器、制动轮缸、蓄压器、后轮分配比例阀、电动油泵、制动液管路、压力警告和控制开关。

（3）诊断结果

1）对系统进行直观检查，未见有制动液泄漏、导线破损、插接头松脱、制动液偏少等情况。

2）使用道通 MS908S 汽车故障诊断仪与车辆控制单元建立通信，诊断仪读取到故障码“C101C01”，指示为“左后转速传感器，电气故障”，如图 3–4–4 所示。根据故障码，判断是左后轮车轮转速传感器故障。

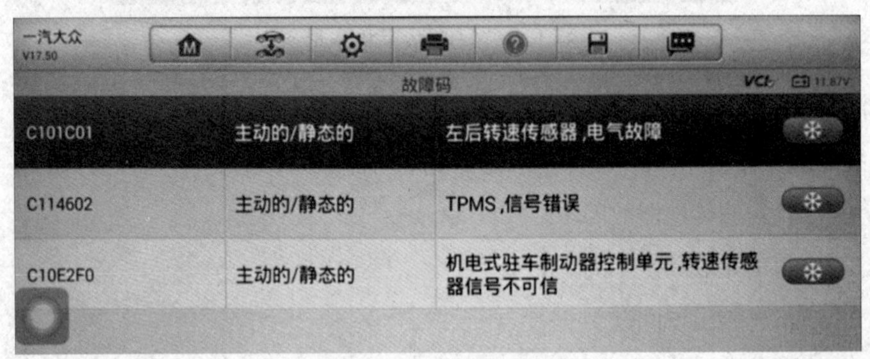

图 3–4–4　读取故障码

3）关闭点火开关，举升车辆至一定高度，拆下左后轮车轮转速传感器，打开点火开关，使用万用表测量左后车轮转速传感器的插接器电压，发现供电正常，电压为 10.53 V，也正常。进一步测量车轮转速传感器的内阻，显示电阻值为无穷大，说明是车轮转速传感器损坏，如图 3–4–5 所示。

4）关闭点火开关，更换左后轮车轮转速传感器，并用汽车故障诊断仪清除故障码。再次启动车辆，故障未再出现。

图 3-4-5　测量左后车轮转速传感器的插接器电压和转速传感器的内阻

项目四 汽车电气设备故障诊断

任务1 电源系统故障诊断

学习目标

1. 了解汽车电源系统的组成。

2. 掌握蓄电池的常见故障及其故障现象、原因和诊断方法。

3. 掌握发电机的常见故障及其故障现象、原因和诊断方法。

4. 能够与小组成员合作制定汽车电源系统的故障诊断方案，并共同完成故障诊断工作。

一、电源系统的组成

汽车电源系统的主要功能是为汽车上的所有电气设备提供所需电力，其主要由蓄电池、发电机和电压调节器等构成。其中，蓄电池作为车辆电能的储存器，在发动机停止工作和准备起动时，蓄电池为全车用电设备及起动系统供电，保证车辆正常使用。发电机作为汽车的主要电源，在发动机正常运转时，为所有用电设备供电，并同时向蓄电池充电。发电机的输出电压会随着发动机的转速波动而变化，因此需要电压调节器来确保输出电压的稳定，使其不受发动机转速波动的影响。

如今，绝大多数汽车都采用免维护蓄电池，图 4-1-1 所示为大众迈腾汽车使用的 EFB 型免维护蓄电池，其额定容量为 69 Ah。

汽车电源系统采用的发电机为交流发电机，采用三相交流电输出，具有较高的能量转换效率。汽车发电机的工作特性包括空载特性、输出特性和外特性，这些特性共同决定了发电机的工作效果。空载特性用于判断发电机低速充电性能，输出特性反映了输出电压一定时电流随转速的变化规律，而外特性则专注于判断转速一定时端电压与输出电流之间的关系。了解这些工作特性对于汽车的维护和维修至关重要，因为它们直接影响汽车电气系统的稳定运行。图 4-1-2 所示为大众迈腾汽车使用的交流发电机，其结构紧凑，质量轻，便于安装和维护。

图 4-1-1　大众迈腾汽车使用的 EFB 型免维护蓄电池

图 4-1-2　大众迈腾汽车使用的交流发电机

二、蓄电池的常见故障

蓄电池的常见故障有非正常自放电和存电量不足等。

1. 蓄电池非正常自放电故障

（1）故障现象

充满电或前一天使用良好的蓄电池，第二天便出现电压明显降低的亏电现象（正常情况下，铅酸蓄电池每天的自放电率应在 1% 左右，如果大大超过这一数值，则被视为非正常自放电）。

（2）故障原因

1）蓄电池自身存在故障。

2）车辆线路老化、破损，导致短路，进而引起电量消耗。

3）汽车电气设备在停车状态下发生异常耗电。

（3）故障诊断

1）使用蓄电池检测仪对蓄电池进行检测，若蓄电池寿命过低或电池内阻过大，则需要更换蓄电池。

2）断开蓄电池搭铁线，将欧姆表测试笔分别连接接地电缆和蓄电池正极电缆，若其电阻值小于 100 Ω，说明与蓄电池相连的线路有短路，应检查电气线路。

3）车辆上锁休眠后，使用钳形电流表测量蓄电池放电电流，若放电电流超过 80 mA，则车辆存在电气设备异常用电情况，需进一步排查异常用电设备。

2. 蓄电池存电量不足故障

（1）故障现象

1）汽车起动时，起动机运转无力。

2）按喇叭，喇叭声响较弱；开启大灯，灯光昏暗。

（2）故障原因

1）蓄电池桩头松动，输出电阻过大，电压降低。

2）蓄电池自身存在故障。

3）发电机存在故障，发电电压过低，无法充满蓄电池。

（3）故障诊断

1）检查蓄电池搭铁接线极柱的连接桩头有无松动，如有松动，则为输出电阻过大，电压降低，需紧固蓄电池连接桩头。

2）检查蓄电池接线极柱与极板连接处有无断裂，如有断裂，则为输出电阻过大，电压降低，需更换蓄电池。

3）使用蓄电池检测仪检测蓄电池寿命，若寿命过低需更换。

4）使用万用表测量发电机发电电压，若发电电压过低，则检查发电机。

三、发电机的常见故障

发电机的常见故障有不充电、充电指示灯时亮时灭、充电电流过大和发电机异响等。

1. 不充电故障

（1）故障现象

发动机起动后，仪表盘上的充电故障指示灯始终点亮。

（2）故障原因

1）发电机自身故障。

2）发电机的传动带过松或打滑，导致发电机不运转或转速过低。

3）发电机相关线路故障。

4）充电故障指示灯电路故障。

（3）故障诊断

1）启动发动机并将其转速逐渐升高，用万用表测量发电机端子 B 与发电机壳体间的电压，若万用表显示的电压值高于蓄电池电压，说明发电机正常发电，故障可能是发电机端子 B 与蓄电池正极间的线路断路，应对其进行检查。

2）若发电机与蓄电池电压一致，均高于 13 V，但充电故障指示灯依旧常亮，则检查充电故障指示灯相关电路。

3）若发电电压为零或过低，说明充电系统故障，检查发电机励磁电压，若励磁电压过低，则检查励磁供电相关熔断器及线路。

4）若励磁电压正常，则检查发电机传动带的挠度是否符合规定（5 ~ 7 mm）。

5）若发电机传动带挠度正常，则检查发电机本体。

2. 充电指示灯时亮时灭故障

（1）故障现象

汽车接通点火开关后，发动机正常运转，充电指示灯不稳定，时亮时灭。

（2）故障原因

1）发电机传动带挠度过大，出现打滑现象。

2）发电机整流二极管断路；定子绕组连接不良或断路，从而导致发电机输出功率下降；发电机电刷严重磨损。

3）电压调节器工作异常，从而导致调节电压过低。

4）相关线路接触不良。

（3）故障诊断

1）检查传动带的挠度是否符合规定。

2）检查相关线路连接情况。

3）拆下调节器和电刷组件总成，检查调节器和电刷。

4）检修发电机总成，如有故障需更换。

3. 充电电流过大故障

（1）故障现象

汽车电气设备烧坏，严重时甚至还会烧坏汽车 ECU。

（2）故障原因

电压调节器工作异常或失效，从而导致电压过高。

（3）故障诊断

启动发动机并加速到 1 500 r/min，用万用表测量发电机端子 B 电压，如果超过最大值的 20%，可确认是电压调节器故障，应更换调节器或发电机总成。

4. 发电机异响故障

（1）故障现象

发电机在运转过程中有不正常响声发出。

（2）故障原因

1）风扇传动带过紧或过松。

2）发电机损坏、松旷或卡滞缺油；轴承钢球保护架发生脱落，同时轴承外圆出现偏离；发电机转子与定子相碰。

3）电刷严重磨损；电刷与滑环接触角偏斜，导致电刷在电刷架内倾斜摆动。

4）发电机部件安装不到位，导致机体倾斜；发电机电枢轴弯曲。

5）发电机传动带与轴松旷，导致传动带盘与散热片碰撞。

（3）故障诊断

1）检查风扇传动带松紧度。

2）检查发动机传动带轮与发电机安装是否松旷。

3）用手触碰发电机外壳和轴承部位，检查是否烫手或有振感。若烫手说明定子和转子相碰或轴承损坏。用听诊器或借助旋具听发电机轴承部位的声音，若声音清脆、不规则，说明轴承缺油或滚柱损坏。

4）拆下电刷，检查电刷磨损情况。

5）拆卸发电机，检查其内部机件配合和润滑情况。如果发电机噪声细小而均匀，则检查硅二极管和励磁绕组是否断路或短路。

任务2 照明系统故障诊断

学习目标

1. 了解汽车照明系统的灯光控制逻辑。

2. 掌握汽车照明系统的常见故障及其故障现象、原因和诊断方法。

3. 能够与小组成员合作制定汽车照明系统的故障诊断方案，并共同完成故障诊断工作。

汽车照明系统主要包括外部照明灯、内部照明灯、外部信号灯和内部信号灯等。这些灯具共同构成了汽车照明系统的核心，为驾驶员和乘客提供了必要的照明和信号指示，确保了夜间或低光条件下的行车安全。

一、汽车照明系统的灯光控制逻辑（迈腾 B8）

在进行汽车照明系统的故障诊断之前，首先要了解灯光的控制逻辑。依据灯光控制逻辑，在诊断及处理故障时就不会盲目主观臆断，而是建立在获取与故障有关信息的基础上，从而提高故障诊断的准确性。

图 4-2-1 所示为迈腾 B8 汽车照明系统的控制原理电路。由图可知，迈腾 B8 汽车的照明系统主要由信号输入装置、车载电网控制单元 J519 和灯光硬件等组成。在这些组成部件中，J519 扮演着核心角色，负责控制全车灯光的供电。其控制逻辑是信号输入装置把信号（灯光开关信号）传递给 J519，J519 在接收到信号后，才会向灯光供电，从而实现灯光的点亮。

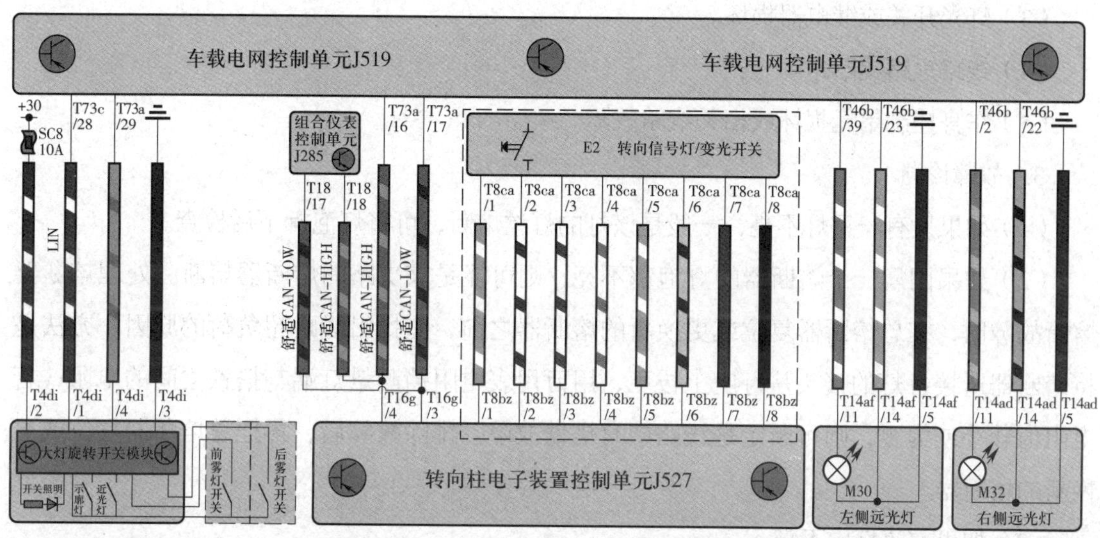

图 4-2-1 迈腾灯光控制原理图

1. 车灯变光开关点动的控制逻辑

任何时候变光开关向上拉动，开关内部接通超车灯控制触点，把触点的模拟信号传递到转向柱电子装置控制单元 J527。控制单元 J527 将这一模拟信号转换为数字信号，通过舒适系统 CAN 总线将信号传递给 J519 和组合仪表控制单元 J285。控制单元 J519 接收到信号后，向左、右远光灯提供 12 V 电源，远光灯点亮；J285 接收到信号后，点亮仪表板上的远光指示灯。松开变光开关，信号被切断，远光灯和仪表板上的远光指示灯均熄灭。同时，数据总线诊断接口 J533 也接收到此信号，若信号出现故障，则 J533 储存故障信息以便维修。

2. 灯光旋转开关和变光开关共同打开远光灯的控制逻辑

灯光旋转开关旋至近光灯位置，旋转开关通过 LIN 线把数据信号传递给 J519。同时，向下按动变光开关，开关内部接通超车灯控制触点，把触点的模拟信号传递到 J527。J527 将这一模拟信号转换为数字信号，通过舒适系统 CAN 总线将信号传递给 J519 和 J285，J519 接收到 LIN 线和 J527 信号后，向左、右远光灯提供 12 V 电源，远光灯点亮。控制单元 J285 接收到信号后，控制仪表板上的远光指示灯点亮。同时，数据总线诊断接口 J533 也接收到此信号，若信号出现故障，则 J533 储存故障信息以便维修。

二、前照灯不亮故障

1. 故障现象

打开前照灯开关，前照灯不亮。

2. 故障原因

（1）灯泡损坏。

（2）熔断器熔断。

（3）灯光开关或继电器损坏。

（4）线路短路或断路。

（5）车身控制单元损坏或相关线路故障。

3. 故障诊断

（1）如果只有一只灯不亮，一般是该灯的灯丝熔断，可将灯泡拆下后检查。

（2）如果同属一个熔断器的灯泡都不亮，则可能是该支路的熔断器熔断。处理熔断器熔断故障时，在总熔断器复位或更换新的熔断器之前，应找出线路超负荷的原因。方法是将熔断器所接各灯的接头从灯座上拔下，用万用表电阻挡测量灯端与搭铁之间的电阻，若电阻值较小或为零，则可断定是线路中有搭铁故障。排除故障后，再把总熔断器复位或更换新的熔断器。

（3）如果前照灯均不亮。

1）检查继电器。将继电器线圈直接供电，检查继电器能否正常工作，如不能正常工作，应更换继电器。

2）检查灯光开关。可用万用表检查开关各挡位的通断情况，若与要求不符，应更换灯光开关。

3）检查线路。在检查线路时，可用万用表或试灯逐段检查线路，以找出短路或断路的部位。

4）若灯光点亮是由车身控制单元控制的，则上述检查全部正常的情况下，可以推断故障原因是车身控制单元损坏或相关线路故障。

三、灯光亮度下降故障

1. 故障现象

打开前照灯，灯光亮度逐渐下降。

2. 故障原因

（1）蓄电池电量不足。

（2）导线接头松动或接触不良，导线过细或搭铁不良。

（3）发电机或电压调节器故障。

3. 故障诊断

（1）打开前照灯，将发动机转速稳定在中速，测量发电机输出电压。

（2）若发电机输出电压达到标准值，则为导线接头松动或接触不良，导线过细或搭铁不良。检查方法：持续打开前照灯 30 min，然后用手触碰前照灯各段电线和各连接端口，如果发现哪个部位发热，即为故障点。

（3）若发电机输出电压未达到标准值，则故障在发电机或电压调节器。

四、灯泡经常烧坏故障

1. 故障现象

新换灯泡使用很短时间即被烧坏。

2. 故障原因

（1）电压调节器工作不良。

（2）灯具安装固定不到位。

3. 故障诊断

（1）如果汽车在行驶过程中，灯光出现闪烁或晃荡，说明是灯具未按要求安装固定到位，应检查和固定灯具。

（2）测量发电机发电电压，若发电电压过高，则故障在电压调节器。

五、前照灯发光强度偏低故障

1. 故障现象

打开前照灯，灯光亮度不够。

2. 故障原因

（1）蓄电池内部短路或充电电压过低。

（2）导线接头松动或接触不良，导线过细或搭铁不良。

（3）散光镜损坏或反射镜有尘垢，灯泡玻璃表面发黑或功率过低。

（4）灯丝没有位于反射镜的焦点上。

3. 故障诊断

（1）检查前照灯反射镜是否明亮，如昏暗、发黑或镀层剥落应更换。

（2）检查灯泡是否老化，质量是否符合要求。

（3）检查蓄电池端电压是否正常，如端电压偏低，则检测发电机供电是否正常；如果发电机供电正常，则故障原因为蓄电池内部短路或蓄电池老化。

（4）检查线路及连接端子是否有发热现象，以及搭铁是否良好。

六、左、右前照灯亮度不一致故障

1. 故障现象

左、右前照灯发光强度不一致。

2. 故障原因

（1）左、右前照灯，其中一个的反射镜灰暗。

（2）左、右前照灯，其中一个的灯泡老化。

（3）左、右前照灯，其中一个的线路接触不良或搭铁不良。

3. 故障诊断

（1）检查发光强度偏低的前照灯的反射镜是否灰暗、灯泡是否老化、质量是否符合要求。

（2）如果上述检查一切正常，则故障原因为线路接触不良或搭铁不良。

七、前照灯光束照射位置偏斜故障

1. 故障现象

前照灯光束照射位置偏斜。

2. 故障原因

（1）前照灯安装位置不当或因强烈振动而导致错位，致使光线投射点发生偏移。

（2）灯泡的远光和近光灯丝位置不符合规定标准。

3. 故障诊断

（1）检查前照灯安装位置，若发生偏斜，则予以调整。前照灯光束照射位置偏斜的调整可在前照灯检测仪上进行。

（2）根据检测标准，在检测调整光束照射位置时，远、近双光束灯以检测调整近光光束为主。如果灯泡质量合格，近光光束调整合格后，远光光束一般也能合格；若近光光束调整合格后，经复核，远光光束照射方向仍不合格，则应更换灯泡。

八、转向信号灯不亮故障

1. 故障现象

打开点火开关，接通转向信号灯开关，转向信号灯不亮。

2. 故障原因

（1）转向信号灯灯泡烧坏。

（2）熔断器熔断。

（3）电源线路中存在短路或断路。

（4）闪光继电器损坏。

（5）转向信号灯开关损坏。

（6）车身控制单元损坏或相关线路故障。

3. 故障诊断

（1）检查灯泡是否烧坏。

（2）检查熔断器是否熔断，如果熔断器完好，则检查线路是否存在短路或断路。

（3）检查闪光器是否正常。

（4）使用故障诊断仪动作测试功能打开转向信号灯，若转向信号灯可以正常点亮，则故障在转向信号灯开关。

（5）若灯光点亮由车身控制单元控制，则上述检查全部正常的情况下，说明故障原因是车身控制单元损坏或相关线路故障。

九、照明系统故障诊断实例

一辆 2018 款迈腾 B8 轿车，远、近灯光均采用 LED 灯组。打开远关灯时，左侧远光灯不亮，右侧远光灯正常点亮。

1. 故障分析

首先，针对该车故障进行试车验证。操作远光灯变光开关，左侧远光灯不亮，右侧远光灯正常点亮，仪表板远光指示灯正常点亮，同时显示“请检查左侧前照灯”，如图 4–2–2 所示。操作灯光旋转开关到近光灯挡位，近光灯正常，接着操作变光灯开关，左侧远光灯不亮，右侧远光灯正常点亮，仪表板远光指示灯正常点亮。

图 4–2–2　仪表显示“请检查左侧前照灯”

根据迈腾远光灯控制逻辑（图 4–2–3）和远光灯电路图（图 4–2–4），初步分析故障可能原因有以下几方面：

（1）J519 自身故障。

（2）J519 与左侧远光灯 M30 之间的线路故障。

（3）左侧远光灯灯泡 M30 故障。

组合仪表控制单元J285
数据总线诊断接口J533
前照灯旋转开关
右前远光灯
舒适CAN-HIGH
舒适CAN-LOW
舒适CAN-LOW
舒适CAN-HIGH
LIN
右前近光灯控制
左前近光灯控制
舒适CAN-LOW
舒适CAN-HIGH
变光开关
转向柱电子控制单元J527
车载电网控制单元J519
左前远光灯

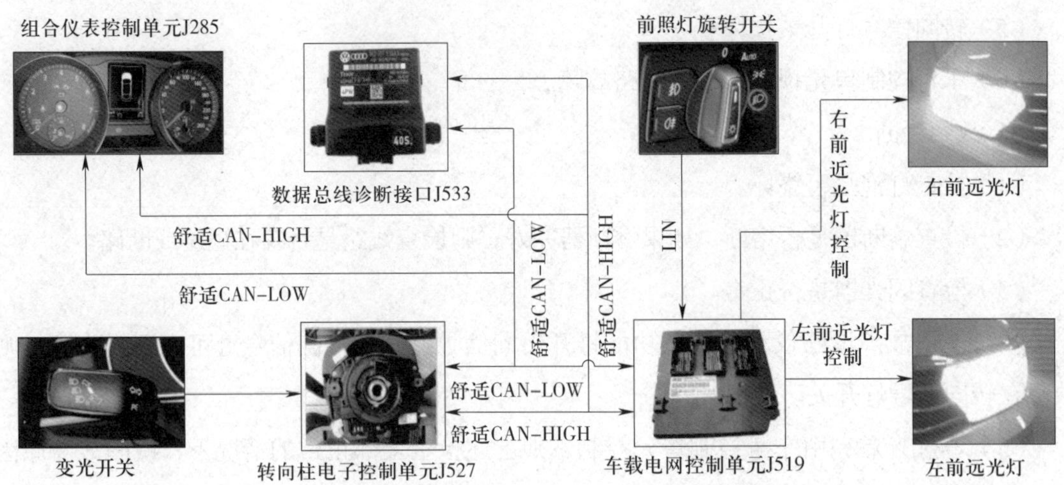

图 4-2-3　迈腾远光灯控制逻辑

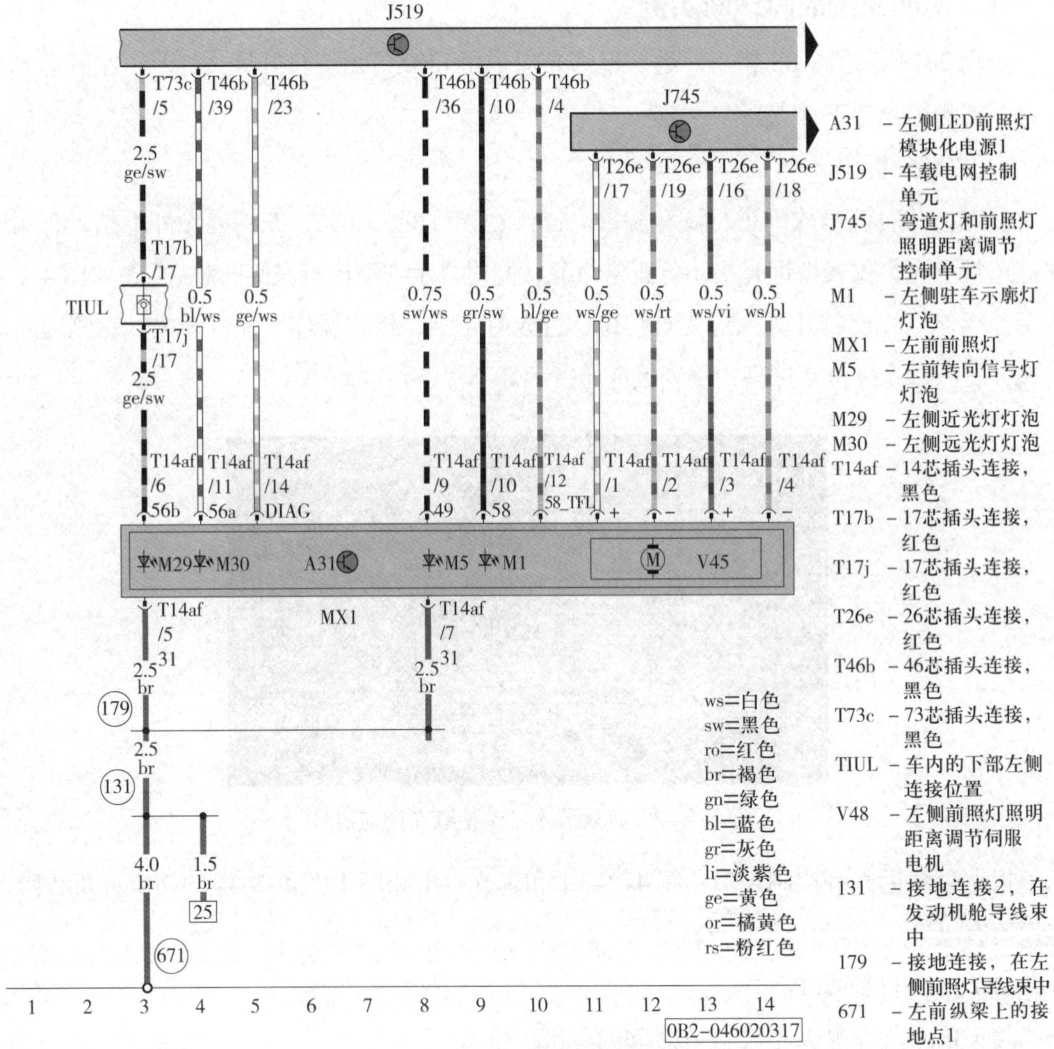

J519
T73c /5
T46b /39
T46b /23
T46b /36
T46b /10
T46b /4
J745
T26e /17
T26e /19
T26e /16
T26e /18
2.5 ge/sw
T17b /17
TIUL
T17j /17
2.5 ge/sw
0.5 bl/ws
0.5 ge/ws
0.75 sw/ws
0.5 gr/sw
0.5 bl/ge
0.5 ws/ge
0.5 ws/rt
0.5 ws/vi
0.5 ws/bl
T14af /6 56b
T14af /11 56a
T14af /14 DIAG
T14af /9 49
T14af /10 58
T14af /12 58_TFL
T14af /1 +
T14af /2 −
T14af /3 +
T14af /4 −
M29
M30
A31
M5
M1
M
V45
MX1
T14af /5 31
T14af /7 31
2.5 br
2.5 br
179
2.5 br
131
4.0 br
1.5 br
25
671
ws=白色
sw=黑色
ro=红色
br=褐色
gn=绿色
bl=蓝色
gr=灰色
li=淡紫色
ge=黄色
or=橘黄色
rs=粉红色
1 2 3 4 5 6 7 8 9 10 11 12 13 14
0B2-046020317
A31 – 左侧LED前照灯模块化电源1
J519 – 车载电网控制单元
J745 – 弯道灯和前照灯照明距离调节控制单元
M1 – 左侧驻车示廓灯灯泡
MX1 – 左前前照灯
M5 – 左前转向信号灯灯泡
M29 – 左侧近光灯灯泡
M30 – 左侧远光灯灯泡
T14af – 14芯插头连接，黑色
T17b – 17芯插头连接，红色
T17j – 17芯插头连接，红色
T26e – 26芯插头连接，红色
T46b – 46芯插头连接，黑色
T73c – 73芯插头连接，黑色
TIUL – 车内的下部左侧连接位置
V48 – 左侧前照灯照明距离调节伺服电机
131 – 接地连接2，在发动机舱导线束中
179 – 接地连接，在左侧前照灯导线束中
671 – 左前纵梁上的接地点1

图 4-2-4　迈腾远光灯电路图

2. 诊断提示

（1）车辆启动后，首先检查蓄电池电压是否正常，如不正常，优先处理蓄电池电压问题。

（2）打开点火开关，连接汽车故障诊断仪，用汽车诊断仪的动作测试功能让所有灯光点亮。如果可以正常点亮，说明 J519 自身存在故障。

（3）测量左侧远光灯接线口端子 T14af/11 的搭铁电压。若测得电压由 0 V 变为蓄电池电压，说明线路正常，需检查远光灯灯泡；若测得电压始终为 0 V 或由 0 V 变为小于蓄电池电压的某个值，说明线路故障，应对接线口端子 T14af/11 的上游线路进行检测。

（4）测量接线口端子 T14af/11 供电侧的电压，即 J519 的 T46b/39 端子的搭铁电压。若测得电压由 0 V 变为蓄电池电压，说明 J519 供电正常，则测量 J519 的 T46b/39 端子与接线口端子 T14af/11 之间的电阻，判断是否为线路问题。若测得电阻小于 2 Ω，说明线路没问题；若测得电阻大于 2 Ω，说明线路有虚接现象；若测得电阻无穷大，说明线路有断路现象。

（5）测量接线口端子 T14af/11 供电侧的电压，若测得电压始终为 0 V，说明 J519 供电有问题。若是因为 J519 基于过流保护而中断电源，说明 J519 的 T46b/39 端子与接线口端子 T14af/11 之间有对地短路或虚接现象。测量 J519 的 T46b/39 端子与接线口端子 T14af/11 之间的对地电阻，若测得电阻为无穷大，说明线路对地电阻正常，则 J519 自身存在故障；若测得电阻较小，说明线路对地有短路或虚接现象。

（6）测量接线口端子 T14af/11 供电侧的电压，若测得电压变化为 0 V 到小于蓄电池电压的某个值，则说明 J519 局部有故障，建议更换。

3. 诊断结果

（1）测量蓄电池电压，电压为 12.8 V，正常。

（2）用汽车故障诊断仪的动作测试功能打开所有灯光，发现左侧远光灯依旧不能点亮。

（3）测量 M30 供电端子 T14af/11 的搭铁电压，结果为 0.8 V，存在异常。

（4）测量 J519 的 T46b/39 端子搭铁电压，电压在 0 V 到蓄电池电压之间变化，说明 T14af/11 与 T46b/39 之间线路存在问题，故测量 T14af/11 与 T46b/39 之间的电阻。

（5）关闭点火开关，拔下左侧远光灯和 J519 插接器。测得导线两端的电阻值为 1 000 Ω，说明电路虚接。

（6）修复控制线路，左侧远光灯正常点亮，故障排除。

任务❸ 雨刮系统故障诊断

学习目标

1. 了解汽车雨刮系统的组成及工作原理。
2. 掌握雨刮系统的常见故障及其故障现象、原因和诊断方法。
3. 能够与小组成员合作制定雨刮系统的故障诊断方案，并共同完成故障诊断工作。

汽车雨刮系统的主要功能是刮除附着于车辆挡风玻璃上的雨水及污垢，改善驾驶员的视线条件，保持挡风玻璃清晰，从而确保行车安全。

汽车雨刮系统可分为传统雨刮和智能雨刮两种类型。传统雨刮系统主要由雨刮臂、雨刮片和雨刮电机组成。工作时，雨刮电机通过传动机构带动雨刮臂来回摆动，使雨刮片在挡风玻璃上来回擦拭。传统雨刮系统结构简单、成本较低，但由于无法根据雨量大小和车速变化等自动调节擦拭频率和力度，因此在实际使用中会存在擦拭不净和刮花玻璃的情况。智能雨刮系统则是在传统雨刮的基础上增加了传感器和控制单元，能够根据雨量大小、车速以及挡风玻璃上的水膜厚度等自动调节雨刮的工作频率和力度，不仅提高了驾驶的安全性和舒适性，还延长了雨刮片的使用寿命。

一、雨刮系统的组成及工作原理（迈腾）

1. 雨刮系统的组成

迈腾汽车配备的是智能雨刮系统，其主要由雨刮开关、雨刮电机控制单元（J400）、车载电网控制单元（J519）、转向柱电子装置控制单元（J527）、雨滴 / 光线传感器（G397）、机舱盖接触开关（F266）等组成，如图 4–3–1 所示。

2. 雨刮系统的工作原理

图 4–3–2 所示为迈腾汽车的雨刮系统控制开关，其通过转向柱电子装置控制单元（J527）上的舒适系统 CAN 总线，向车载电网控制单元（J519）传输雨刮开关状态信号。J519 识别到雨刮开关的状态信号后，通过 LIN 总线向雨刮电机控制单元（J400）发送操作指令，使其完成相关刮水动作（间歇、低速、快速等）。

当雨刮系统控制开关拨向“间歇”挡位时，雨刮系统的雨滴 / 光线传感器（G397）被激活，此时，车载电网控制单元（J519）根据来自 G397 的信号，判断车外雨量的大小，并根据车速信号控制雨刮电机的运转速度。车速信号（J104）主要由 ABS 控制单元，通过网关（J533）与舒适系统 CAN 总线向车载电网系统提供。

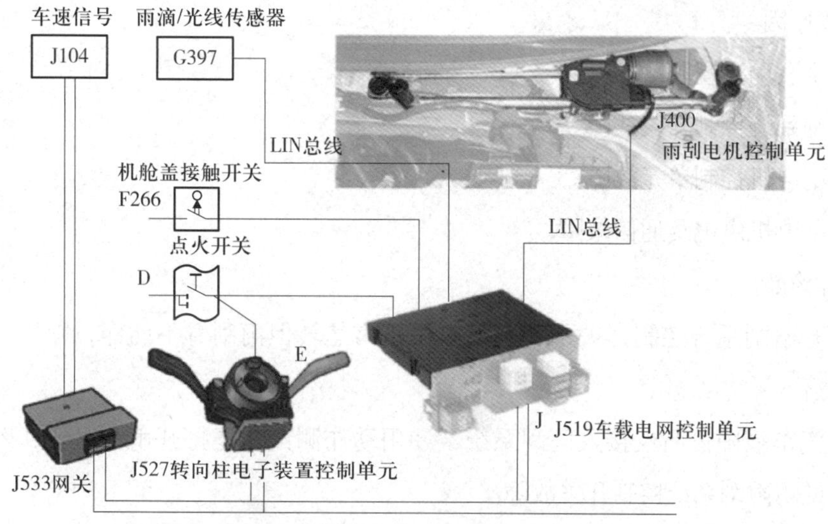

图 4-3-1　迈腾汽车雨刮系统的组成

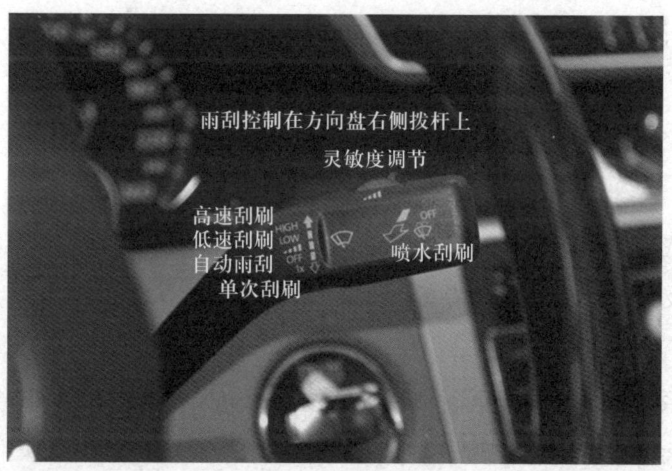

图 4-3-2　迈腾汽车的雨刮系统控制开关

当沿转向盘轴线方向向上掰动雨刮系统控制开关时，雨刮喷水开关闭合，转向柱电子装置控制单元（J527）将此信号通过舒适系统 CAN 总线传递至车载电网控制单元（J519）。J519 向风窗清洗泵供电，使其运转，同时向雨刮电机控制单元（J400）发送刮水指令，雨刮来回刮动 2 ~ 3 次。

若机舱盖打开，机舱盖接触开关（F266）将会把机舱盖打开的信号传递给车载电网控制单元（J519），此时，J519 将终止雨刮电机的动作。若机舱盖接触线路短路也会导致此现象。

二、雨刮系统不刮水故障

1. 故障现象

雨刮系统控制开关打开后，无论拨至哪个挡位，雨刮片始终不动作。

2. 故障原因

（1）雨刮联动装置脱落。

（2）雨刮系统控制开关故障。

（3）雨刮电机控制单元故障。

（4）雨刮电机供电及通信故障。

3. 故障诊断

（1）打开雨刮系统控制开关，若雨刮电机正常运转但雨刮臂不动作，则检查雨刮联动装置是否脱落。

（2）将汽车故障诊断仪接入雨刮系统，使用动作测试功能打开雨刮系统，若雨刮系统正常运转，说明雨刮系统控制开关故障。

（3）检查雨刮电机供电及通信是否正常，若正常则为雨刮电机控制单元故障。

三、雨刮系统不喷水故障

1. 故障现象

将雨刮系统控制开关拨至雨刮系统喷水挡位，雨刮系统不喷水。

2. 故障原因

（1）风窗清洗泵故障。

（2）喷水口及喷水管路泄漏或堵塞。

3. 故障诊断

（1）将雨刮系统控制开关拨至雨刮喷水挡位，检查风窗清洗泵是否转动。若正常转动，则为喷水口及喷水管路泄漏或堵塞。

（2）若风窗清洗泵不转动，则检查雨刮电机供电是否正常。若正常，则为风窗清洗泵故障；若不正常，则对风窗清洗泵供电线路进行检修。

四、雨刮系统不喷水也不刮水故障

1. 故障现象

无论雨刮系统控制开关拨至哪个挡位，雨刮系统既不喷水也不动作。

2. 故障原因

（1）雨刮系统控制开关故障。

（2）机舱盖锁故障。

（3）J519 车载电网控制单元故障。

3. 故障诊断

（1）若仪表板显示机舱盖未锁，则检查机舱盖锁开关及线路。

（2）将汽车故障诊断仪接入雨刮系统，使用动作测试功能打开雨刮系统，若雨刮片正常运转，说明是雨刮系统控制开关故障。

（3）若雨刮系统控制开关信号正常，且不存在其他故障，则为J519车载电网控制单元故障。

五、雨刮系统故障诊断实例

一辆2018款迈腾B8轿车，将雨刮系统控制开关拨至任何挡位，雨刮片始终不动作。

1. 故障分析

首先，针对该车故障进行试车验证。将雨刮系统控制开关拨至低速、中速、高速挡位，雨刮片均不动作，检查中同时还发现雨刮电机不运转。

根据迈腾汽车雨刮系统电路图（图4-3-3），初步分析雨刮系统不工作（刮水电机不运转）的可能原因有以下几方面：

（1）雨刮系统控制开关损坏。

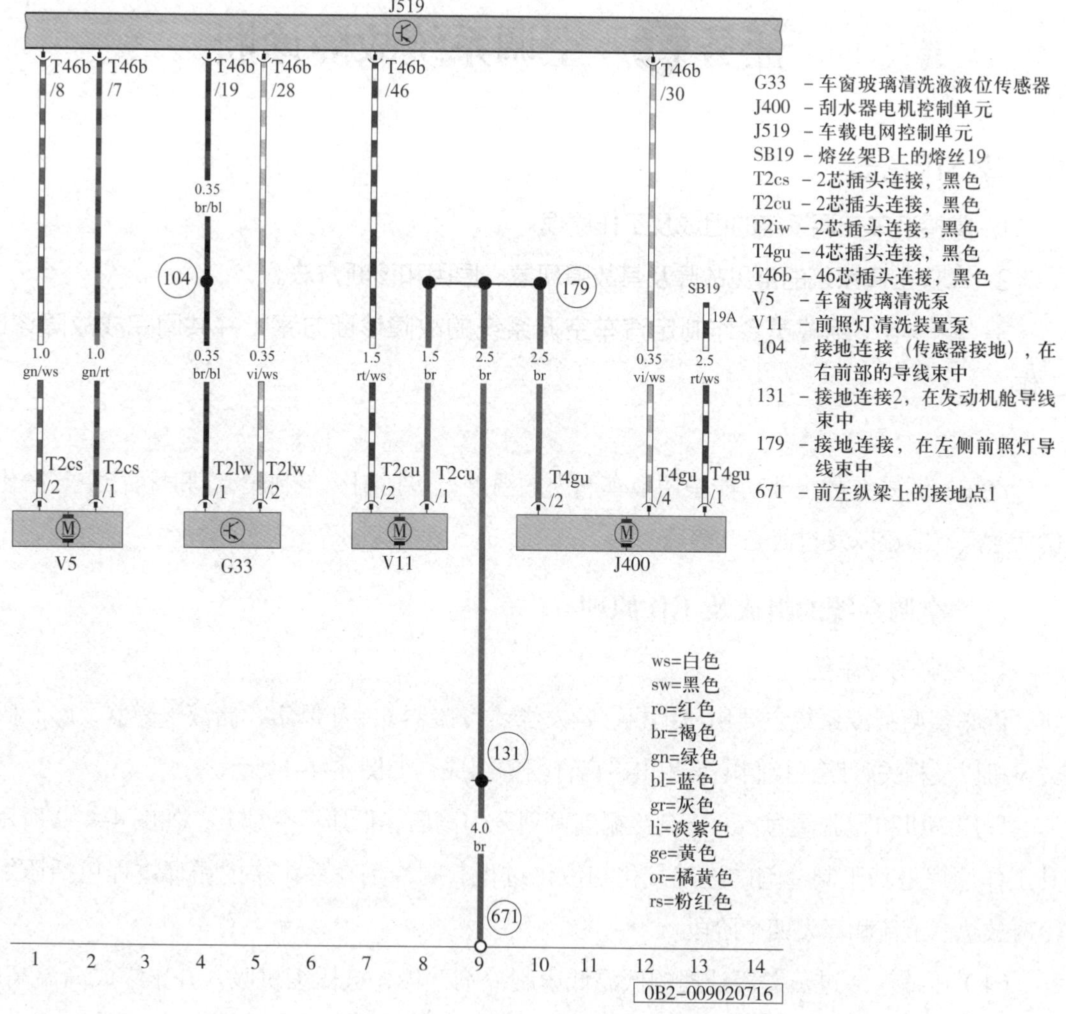

图4-3-3 迈腾汽车雨刮系统电路图

（2）雨刮电机控制单元供电、搭铁异常。

（3）雨刮电机控制单元故障。

（4）雨刮电机损坏。

2. 故障诊断

（1）将故障诊断仪接入雨刮系统，使用动作测试功能打开雨刮系统，雨刮片仍不动作。使用引导性功能读取测量值，雨刮系统控制开关功能正常，能够正常发出刮水请求。

（2）打开雨刮系统控制开关，测量刮水器电机控制单元供电，测得电压为 0 V，异常。

（3）检测雨刮电机控制单元上游供电线束，均正常。

（4）检测雨刮电机控制单元供电熔断器，发现 SB19 熔断器断路。

（5）更换 SB19 后，故障得以排除，雨刮系统正常工作。

任务 4 空调系统故障诊断

学习目标

1. 掌握汽车空调系统的组成及工作原理。

2. 掌握空调系统的常见故障及其故障现象、原因和诊断方法。

3. 能够与小组成员合作制定汽车空调系统的故障诊断方案，并共同完成故障诊断工作。

汽车空调系统的主要功能是调节车厢内的温度，包括制冷与制暖，同时执行空气净化，包括通风、除湿以及过滤空气等。

一、空调系统的组成及工作原理

1. 空调制冷系统

汽车空调制冷系统主要由压缩机、蒸发器、冷凝器 / 冷却风扇、储液干燥器、膨胀阀、鼓风机以及相关管路、控制电路和电磁离合器等组成，如图 4–4–1 所示。

以压缩机和膨胀阀为核心，制冷循环可划分为高压和低压两个部分，如图 4–4–2 所示。其工作原理是基于制冷剂的连续气化和液化过程。制冷剂在系统中的循环过程包括压缩、冷凝放热、节流和蒸发四个阶段。

（1）压缩。经过蒸发器处理的低温低压制冷剂气体，被压缩机吸入并压缩成高温高压气体，随后输送至冷凝器。

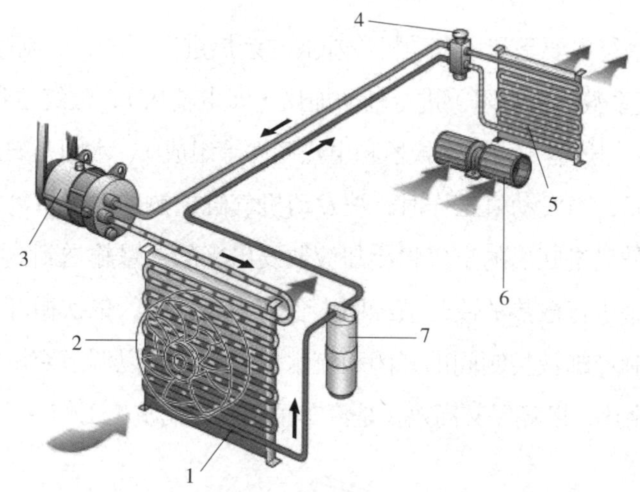

图 4-4-1　汽车空调制冷系统的组成

1—冷凝器　2—冷却风扇　3—压缩机　4—膨胀阀

5—蒸发器　6—鼓风机　7—储液干燥器

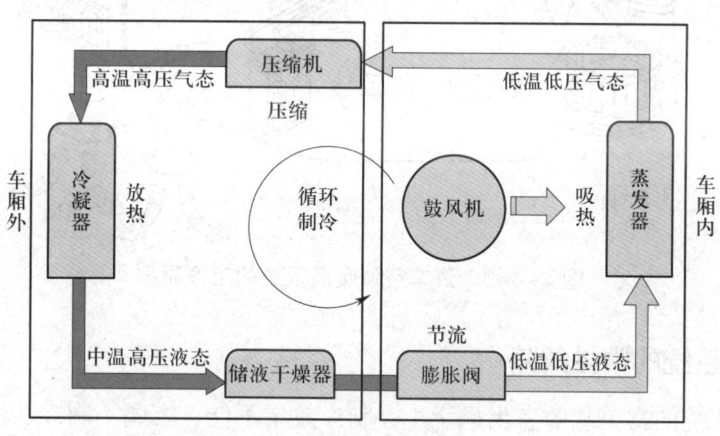

图 4-4-2　汽车空调制冷系统的工作原理

（2）冷凝放热。在高温高压状态下，制冷剂气体流入冷凝器，在此过程中，由于压力和温度的下降，制冷剂气体凝结成液体，并向外界环境释放大量热量。

（3）节流。温度和压力较高的制冷剂液体通过膨胀装置后，体积变大，压力和温度急剧下降，以雾状（细小液滴）排出膨胀阀。这是制冷剂高、低压的分界线，膨胀阀有节流的作用。

（4）蒸发。雾状制冷剂进入蒸发器，由于此时制冷剂沸点远低于蒸发器的内部温度，故液体制冷剂蒸发成气体。在蒸发过程中大量吸收周围的热量，而后低温低压的制冷剂蒸气又进入压缩机。

上述过程周而复始地进行下去，便可达到降低蒸发器周围空气温度的目的。与此同时，鼓风机将冷空气抽进车内，并将车内热空气排出，从而使车内温度降低，获得制冷效果。

2. 空调暖风系统

汽车空调暖风系统主要是利用发动机冷却液的余热进行制暖，当制暖效果要求更高时，会采用 PTC（正温度系数热敏电阻）进行辅助加热（即电辅热），最终达到良好的制暖效果。空调暖风系统主要由加热器（由热交换器和电热元件等组成）、水阀、鼓风机等部件组成。

如图 4-4-3 所示，当发动机工作时，被发动机气缸加热的发动机冷却液通过水泵的作用进入热交换器，鼓风机吹出的空气将冷却液散发出来的热量输送到汽车车厢内部或风窗玻璃。在热交换器中进行散热的冷却液经回水管被水泵抽回，依次循环，实现了汽车车厢暖风供热。通过控制冷却液控制阀的开闭和流水量大小，可以调节空调的供热量。这个过程利用了发动机的余热，既环保又高效，是汽车暖风系统的常见工作方式。

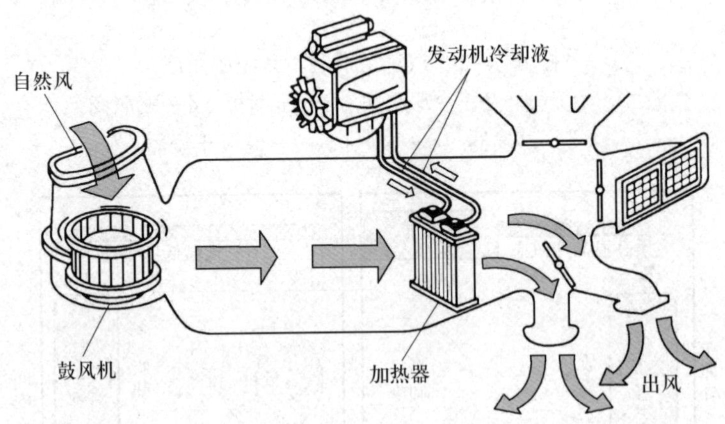

图 4-4-3 汽车空调暖风系统的工作原理

二、空调系统的常见故障

汽车空调系统的常见故障有出风量小、制冷效果不佳、空调不制冷、供暖效果不佳或不供暖等，其中制冷效果不佳和不制冷是空调系统最常见的故障。

1. 出风量小故障

（1）故障现象

空调出风量小，无论怎么调整挡位，出风量变化都不明显。

（2）故障原因

1）鼓风机控制开关故障。

2）空调滤芯堵塞。

3）鼓风机性能下降。

（3）故障诊断

1）调节鼓风机控制开关，若听到鼓风机声音大小有变化，说明控制开关和鼓风机均工作正常，故障很可能是空调滤芯堵塞，导致进入车内的风量减少，此时应检查空气滤芯。

2）调节鼓风机控制开关，若听不到鼓风机声音大小有变化，则首先检查是否鼓风机控制开关故障；若鼓风机开关正常，则说明是鼓风机存在问题，此时应进一步检查鼓风机电机、鼓风机继电器及相关电路。

2. 制冷效果不佳故障

（1）故障现象

汽车空调长时间打开，但始终达不能到设定温度。

（2）故障原因

1）出风量太小。

2）冷凝器性能下降。

3）制冷剂不足、过量或含有空气。

4）制冷系统堵塞或制冷剂含杂质太多，从而导致制冷剂循环不良。

5）压缩机工作性能下降。

提示

若制冷剂不足，从膨胀阀喷入蒸发器的制冷剂会减少，从而使蒸发器蒸发时吸收的热量减少，故系统制冷能力下降。若制冷剂过多，制冷剂在蒸发器中无法完全蒸发，也会影响制冷效果。此外，制冷剂过多时，还会导致压缩机电流变大、高压区和低压区压力升高、吸气温度降低以及排气温度升高等，这些问题都会直接影响制冷系统的正常运行，造成制冷效果不佳。

如果制冷剂中混入空气，由于空气是导热不良物质，在系统压力和温度下，它不能溶于制冷剂，所以会影响散热效果。此外，空气随制冷剂在系统中循环，还会使膨胀阀喷出的制冷剂量下降，同样会导致制冷能力下降。当制冷剂通过膨胀阀节流孔时，由于其压力和温度迅速下降，会导致空气中的水分在膨胀阀小孔处产生“冰堵”现象，停机一会儿，待冰融化后系统又恢复工作。这种情况需抽真空，重新充注制冷剂。

（3）故障诊断

1）检查空调出风量。如果出风量太小，则检查是否空调滤芯堵塞或鼓风机性能下降。

2）检查冷凝器。查看冷凝器表面是否被污泥、杂物覆盖，从而导致制冷效果下降；检查冷凝器翅片是否变形；检查冷却风扇是否转速过低或驱动带松弛。

3）检查制冷剂的液量和品质。启动发动机，打开空调制冷开关，从视液镜中观察制冷剂状态。正常情况下，视液镜中看到的制冷剂应透明、不混浊、无气泡、平稳流动。如果制冷剂不停出现气泡，说明制冷剂缺少；如果看到制冷剂有明显白气冒出，说明制冷剂可能过量，此时可检测制冷剂压力，若压力过高，说明制冷剂过量。进一步观察制冷剂品质，如果浑浊无光，说明制冷剂含杂质过多，应更换。

4）检查制冷系统是否堵塞。如果制冷剂液量和品质正常，则检查制冷系统是否堵塞。从视液镜中观察制冷剂流动情况，如果制冷剂流动缓慢，说明系统可能存在堵塞，用歧管压力计进一步检测制冷系统压力，如果低压侧压力很低，高压侧压力很高，说明制冷系统发生堵塞，最可能产生堵塞的部位是储液干燥器和膨胀阀。用手触摸储液干燥器两端，正常情况下应没有温差，若感觉到温差，则说明干燥器堵塞。

5）若以上检查均正常，则进一步检查是否为压缩机性能问题。

导致压缩机性能下降的主要原因包括压缩机内部泄漏磨损、压缩机缸盖密封垫漏气以及压缩机传动带打滑等。

①检测压缩机进/排气管口温度，如果温差不大，则用歧管压力计检测进/排气管口压力。如果高压侧压力偏低，低压侧压力偏高，则可判断是压缩机磨损漏气或压缩机缸盖密封垫漏气。

②检查压缩机传动带。若是传动带过松导致的打滑，一般有同步传感器的空调控制系统，可自动监控压缩机转速与发动机转速是否比例恒定，如超过某差值，系统将自动切断压缩机电磁离合器电路，所以直接调整传动带即可。若是电磁离合器压力板与带轮的接合面磨损严重或有油污，电磁离合器线路电阻过大或供电电压太低也会使电磁离合器线圈吸力不足，造成离合器打滑。这种情况下应观察离合器压力板与带轮的间隙是否均匀，压力板是否扭曲，如无法维修，则更换离合器。

3. 空调不制冷故障

（1）故障现象

打开空调和鼓风机开关，温度设置在较低位置，空调出风口无冷风吹出。

（2）故障原因

1）制冷剂泄漏。

2）制冷系统堵塞，制冷剂无法循环，从而导致系统不制冷。

3）膨胀阀感温包破裂，内部液体流失，造成膨胀阀膜片上方压力为零，阀针在弹簧力作用下将阀孔关闭，制冷剂无法流向蒸发器，因此系统无法制冷。

4）压缩机故障。

5）控制电路故障。

（3）故障诊断

1）检查制冷剂是否泄漏。通过视液镜观察制冷剂，若观察到制冷剂变少或几乎观察不到制冷剂，说明制冷剂存在泄漏。用歧管压力表检测系统压力，若高、低压侧压力都很低，说明制冷剂已经泄漏，应用测漏仪详细检查确定泄漏部位，并进行修复，修复后要对系统抽真空，然后按规定量加足制冷剂。

2）检查制冷系统是否堵塞。使用歧管压力计检测系统压力，如果低压侧压力很低，高压侧压力很高，说明制冷系统发生堵塞，最可能产生堵塞的部位是储液干燥器和膨胀阀。

3）检查膨胀阀是否损坏。若发现膨胀阀感温包破裂，则更换新件。

4）检查压缩机是否工作。压缩机卡死或内部损坏、压缩机气缸和压缩机垫窜气、进/排气阀损坏、压缩机电磁离合器线圈短路以及压缩机传动带断裂等，均会造成压缩机停止工作或压缩不良。

5）检查控制电路是否正常。压缩机电磁离合器基本控制电路是由空调 A/C 开关、高压开关、低压开关以及温度控制器等组成的串联电路，只要有一个元件发生故障，空调压缩机就会停止工作。排除故障应做如下检查：

①检查压缩机主电路及其控制电路熔丝是否熔断，若熔断，则用万用表电阻挡分段检查相关线路对地电阻，找出线路中非正常搭铁点，排除故障。

②拔下压缩机电磁离合器线束插头，直接将电源正极连接到电磁离合器线圈电路接头上，若电磁离合器工作，说明电磁离合器正常；否则，更换或维修电磁离合器。

③用短路法检查各控制开关是否正常。接通电源后，分别短接电路中的 A/C 开关（风扇调速开关）、高压开关、低压开关、冷气继电器触点及温控器等，若短接某个开关时空调离合器工作，说明该开关故障。

4. 供暖效果不佳或不供暖故障

（1）故障现象

发动机运行一段时间后，打开空调开关，设置较高温度，车内供暖不足，甚至不供暖。

（2）故障原因

1）送风系统故障。

2）加热器系统故障。

3）冷却液管路故障。

（3）故障诊断

1）检查送风系统。

①检查鼓风机及其控制电路。用万用表测量鼓风机电机的电阻，若电阻值过大或过小，说明是鼓风机故障，应更换。

②检查鼓风机继电器、调温器。用万用表测量鼓风机继电器线圈电阻和调温器电阻，若电阻值为零或无穷大，说明是鼓风机继电器或调温器故障，应更换。

③检查热风管道是否堵塞。

④检查真空驱动器（控制风门和热水阀的装置，通过其可实现对空调系统温度和湿度的调节）是否损坏；检查真空驱动管路是否漏气；检查相关真空部件是否正常。

2）检查加热器系统。

①检查加热器是否漏风。

②检查加热器芯内部是否有空气。

③检查加热器翅片是否变形，从而导致通风不良。

④检查温度门加热器管道是否积垢太多，从而导致管道堵塞。

3）检查冷却液管路。

①检查冷却液是否流动不畅。

②检查热水开关或真空驱动器是否失效。

③检查发动机石蜡节温器是否失效。

④检查冷却液是否缺液，以及散热器盖是否漏气。